Learn Norwegian with Beginner Stories

HypLern Interlinear Project
www.hyplern.com

Second edition: 2025, August

Author: Various
Translation: Kees van den End
Foreword: Camilo Andrés Bonilla Carvajal PhD

ISBN: 978-1-989643-65-5

kees@hyplern.com
www.hyplern.com

Learn Norwegian with Beginner Stories

Interlinear Norwegian Bokmål to English

Author
Various

Translation
Kees van den End

HypLern Interlinear Project
www.hyplern.com

The HypLern Method

Learning a foreign language should not mean leafing through page after page in a bilingual dictionary until one's fingertips begin to hurt. Quite the contrary, through everyday language use, friendly reading, and direct exposure to the language we can get well on our way towards mastery of the vocabulary and grammar needed to read native texts. In this manner, learners can be successful in the foreign language without too much study of grammar paradigms or rules. Indeed, Seneca expresses in his sixth epistle that "Longum iter est per praecepta, breve et efficax per exempla[1]."

The HypLern series constitutes an effort to provide a highly effective tool for experiential foreign language learning. Those who are genuinely interested in utilizing original literary works to learn a foreign language do not have to use conventional graded texts or adapted versions for novice readers. The former only distort the actual essence of literary works, while the latter are highly reduced in vocabulary and relevant content. This collection aims to bring the lively experience of reading stories as directly told by their very authors to foreign language learners.

Most excited adult language learners will at some point seek their teachers' guidance on the process of learning to read in the foreign language rather than seeking out external opinions. However, both teachers and learners lack a general reading technique or strategy. Oftentimes, students undertake the reading task equipped with nothing more than a bilingual dictionary, a grammar book, and lots of courage. These efforts often end in frustration as the student builds mis-constructed nonsensical sentences after many hours spent on an aimless translation drill.

Consequently, we have decided to develop this series of interlinear translations intended to afford a comprehensive edition of unabridged texts. These texts are presented as they were originally written with no changes in word choice or order. As a result, we have a translated piece conveying the true meaning under every word from the original work. Our readers receive then two books in just one volume: the original version and its translation.

The reading task is no longer a laborious exercise of patiently decoding unclear and seemingly complex paragraphs. What's more, reading becomes an enjoyable and meaningful process of cultural, philosophical and linguistic learning. Independent learners can then acquire expressions and vocabulary while understanding pragmatic and socio-cultural dimensions of the target language by reading in it rather than reading about it.

Our proposal, however, does not claim to be a novelty. Interlinear translation is as old as the Spanish tongue, e.g. "glosses of [Saint] Emilianus", interlinear bibles in Old German, and of course James Hamilton's work in the 1800s. About the latter, we remind the readers, that as a revolutionary freethinker he promoted the publication of Greco-Roman classic works and further pieces in diverse languages. His effort, such as ours, sought to lighten the exhausting task of looking words up in large glossaries as an educational practice: "if there is any thing which fills reflecting men with melancholy and regret, it is the waste of mortal time, parental money, and puerile happiness, in the present method of pursuing Latin and Greek[2]".

Additionally, another influential figure in the same line of thought as Hamilton was John Locke. Locke was also the philosopher and translator of the Fabulae AEsopi in an interlinear plan. In 1600, he was already suggesting that interlinear texts, everyday communication, and use of the target language could be the most appropriate ways to achieve language learning:

> ...the true and genuine Way, and that which I would propose, not only as the easiest and best, wherein a Child might, without pains or Chiding, get a Language which others are wont to be whipt for at School six or seven Years together...[3]

---

1 "The journey is long through precepts, but brief and effective through examples". Seneca, Lucius Annaeus. (1961) Ad Lucilium Epistulae Morales, vol. I. London: W. Heinemann.

2 In: Hamilton, James (1829?) History, principles, practice and results of the Hamiltonian system, with answers to the Edinburgh and Westminster reviews; A lecture delivered at Liverpool; and instructions for the use of the books published on the system. Londres: W. Aylott and Co., 8, Pater Noster Row. p. 29.

3 In: Locke, John. (1693) Some thoughts concerning education. Londres: A. and J. Churchill. pp. 196-7.

Who can benefit from this edition?

We identify three kinds of readers, namely, those who take this work as a search tool, those who want to learn a language by reading authentic materials, and those attempting to read writers in their original language. The HypLern collection constitutes a very effective instrument for all of them.

1. For the first target audience, this edition represents a search tool to connect their mother tongue with that of the writer's. Therefore, they have the opportunity to read over an original literary work in an enriching and certain manner.
2. For the second group, reading every word or idiomatic expression in its actual context of use will yield a strong association between the form, the collocation, and the context. This will have a direct impact on long term learning of passive vocabulary, gradually building genuine reading ability in the original language. This book is an ideal companion not only to independent learners but also to those who take lessons with a teacher. At the same time, the continuous feeling of achievement produced during the process of reading original authors both stimulates and empowers the learner to study[1].
3. Finally, the third kind of reader will notice the same benefits as the previous ones. The proximity of a word and its translation in our interlinear texts is a step further from other collections, such as the Loeb Classical Library. Although their works might be considered the most famous in this genre, the presentation of texts on opposite pages hinders the immediate link between words and their semantic equivalence in our native tongue (or one we have a strong mastery of).

---

1 Some further ways of using the present work include:

1. As you progress through the stories, focus less on the lower line (the English translation). Instead, try to read through the upper line, staying in the foreign language as long as possible.
2. Even if you find glosses or explanatory footnotes about the mechanics of the language, you should make your own hypotheses on word formation and syntactical functions in a sentence. Feel confident about inferring your own language rules and test them progressively. You can also take notes concerning those idiomatic expressions or special language usage that calls your attention for later study.
3. As soon as you finish each text, check the reading in the original version (with no interlinear or parallel translation). This will fulfil the main goal of this

collection: bridging the gap between readers and original literary works, training them to read directly and independently.

Why interlinear?

Conventionally speaking, tiresome reading in tricky and exhausting circumstances has been the common definition of learning by texts. This collection offers a friendly reading format where the language is not a stumbling block anymore. Contrastively, our collection presents a language as a vehicle through which readers can attain and understand their authors' written ideas.

While learning to read, most people are urged to use the dictionary and distinguish words from multiple entries. We help readers skip this step by providing the proper translation based on the surrounding context. In so doing, readers have the chance to invest energy and time in understanding the text and learning vocabulary; they read quickly and easily like a skilled horseman cantering through a book.

Thereby we stress the fact that our proposal is not new at all. Others have tried the same before, coming up with evident and substantial outcomes. Certainly, we are not pioneers in designing interlinear texts. Nonetheless, we are nowadays the only, and doubtless, the best, in providing you with interlinear foreign language texts.

Handling instructions

Using this book is very easy. Each text should be read at least three times in order to explore the whole potential of the method. The first phase is devoted to comparing words in the foreign language to those in the mother tongue. This is to say, the upper line is contrasted to the lower line as the following example shows:

"Ja   nok,"   sa   trollet.
Yeah   sure   said   the troll

The second phase of reading focuses on capturing the meaning and sense of the original text. As readers gain practice with the method, they should be able to focus on the target language without getting distracted by the translation. New users of the method, however, may find it helpful to cover the translated lines with a piece of paper as illustrated in the image below. Subsequently, they try to understand the meaning of every word, phrase, and entire sentences in the target language itself, drawing on the translation only when necessary. In this phase, the reader should resist the temptation to look at the translation for every word. In doing so, they will find that they are able to understand a good portion of the text by reading directly in the target language, without the crutch of the translation. This is the skill we are looking to train: the ability to read and understand native materials and enjoy them as native speakers do, that being, directly in the original language.

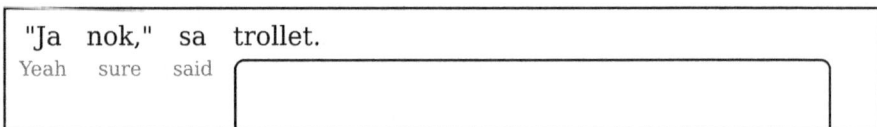

"Ja nok," sa trollet.	
Yeah sure said	

In the final phase, readers will be able to understand the meaning of the text when reading it without additional help. There may be some less common words and phrases which have not cemented themselves yet in the reader's brain, but the majority of the story should not pose any problems. If desired, the reader can use an SRS or some other memorization method to learning these straggling words.

"Ja nok," sa trollet.

Above all, readers will not have to look every word up in a dictionary to read a text in the foreign language. This otherwise wasted time will be spent concentrating on their principal interest. These new readers will tackle authentic texts while learning their vocabulary and expressions to use in further communicative (written or oral) situations. This book is just one work from an overall series with the same purpose. It really helps those who are afraid of having "poor vocabulary" to feel confident about reading directly in the language. To all of them and to all of you, welcome to the amazing experience of living a foreign language!

Additional tools

Check out shop.hyplern.com or contact us at info@hyplern.com for free mp3s (if available) and free empty (untranslated) versions of the eBooks that we have on offer.

For some of the older eBooks and paperbacks we have Windows, iOS and Android apps available that, next to the interlinear format, allow for a pop-up format, where hovering over a word or clicking on it gives you its meaning. The apps also have any mp3s, if available, and integrated vocabulary practice.

Visit the site hyplern.com for the same functionality online. This is where we will be working non-stop to make all our material available in multiple formats, including audio where available, and vocabulary practice.

Table of Contents

Chapter   Page

De tre bukkene Bruse som skulle til seter og gjøre seg fete

De	tre	bukkene	Bruse	som	skulle	til
The	three	bucks	Bruce	who	should	to
		(billy goats)			(wanted to go)	

seter	og	gjøre	seg	fete
(the) summer meadow	and	make	themselves	fat

Det	var	en	gang	tre	bukker	som	skulle	gå	til
It	were	one	time	three	bucks	who	should	go	to
(There)					(billy goats)		(wanted to)		

seter	og	gjøre	seg	fete,	og	alle
(the) mountain meadow	and	make	themselves	fat	and	all
				gorge themselves		

tre	så	hette	de	Bukken	Bruse.	På	veien	var
three	so	were called	they	The Buck	Bruce	On	the way	was

det	en	bro	over	en	foss,	som	de
it	a	bridge	over	a	waterfall	which	they
(there)					(here: wild stream)		

skulle	over,	og	under	den	broen	bodde	et
should (go)	over	and	under	that	-the- bridge	lived	a

stort, fælt troll, med øyne som tinntallerkener, og
large scary troll with eyes as tin plates and

nese så lang som et riveskaft.
(a) nose so long as a rake handle
(as)

Først så kom den yngste Bukken Bruse og
First so came the youngest The Buck Bruce and

skulle over broen.
should (go) over the bridge

Tripp trapp, tripp trapp, sa det i broen.
Trip trap trip trap said it in the bridge
(sounded) (on)

"Hvem er det som tripper på mi bru?" skrek
Who is it who treads lightly on my bridge shouted

trollet.
the troll

"Å, det er den minste Bukken Bruse; jeg skal
Ah that is the smallest -The- Buck Bruce I shall (go)

til seter og gjøre meg fet," sa
to the summer meadow and make myself fat said

bukken,   den var så fin i målet.
the buck   that was so fine in the measure
(the billy goat)   (small) (size)

"Nå kommer jeg og tar deg!" sa trollet.
Now come I and take you said the troll

"Å nei, ta ikke meg, for jeg er så liten jeg; bi
Ah no take not me for I am so little I wait

bare litt, så kommer den mellemste Bukken
just (a) little so comes the middlest -The- Buck

Bruse, han er mye større."
Bruce he is much bigger

"Ja nok," sa trollet.
Yeah sure said the troll

Om en liten stund så kom den mellemste Bukken
In a little while so came the middlest -The- Buck

Bruse og skulle over broen.
Bruce and should (go) over the bridge

Tripp trapp, tripp trapp, tripp trapp, sa det i
Trip trap trip trap trip trap said it in
    (sounded) (on)

broen.
the bridge

"Hvem er det som tripper på mi bru?" skrek
Who is it who treads lightly on my bridge shouted

trollet.
the troll

"Å, det er den mellemste Bukken Bruse, som
Ah that is the middlest -The- Buck Bruce who

skal til seter og gjøre seg fet," sa
shall (go) to the mountain meadow and make himself fat said

bukken; den var ikke fin i målet, den.
the billy goat it was not small in the measure that (one) (size)

"Nå kommer jeg og tar deg," sa trollet.
Now come I and take you said the troll

"Å nei, ta ikke meg, men bi litt, så kommer
Ah no take not me but wait (a) little then comes

den store Bukken Bruse, han er mye, mye større."
the big -The- Buck Bruce he is much much bigger

5

"Ja nok da!" sa trollet.
Yeah sure then said the troll

Rett som det var, så kom den store Bukken
Right as that was so came the big -The- Buck

Bruse.
Bruce

Tripp trapp, tripp trapp, tripp trapp, sa det i
Trip trap trip trap trip trap said it in
(sounded) (on)

broen; den var så tung at broen både knaket
the bridge it was so heavy that the bridge both crunched

og braket under den!
and thundered under it

"Hvem er det som tramper på mi bru?" skrek
Who is it that tramples on my bridge shouted

trollet. "Det er den store Bukken Bruse," sa
the troll That is the big -The- Buck Bruce said

bukken, den var så grov i målet.
the buck that (one) was so large in the measure
(the billy goat) (size)

"Nå kommer jeg og tar deg," skrek trollet.
Now come I and take you shouted the troll

"Ja kom du! Jeg har to spyd, med dem skal
Yes come you I have two spears with them shall

jeg stinge dine øyne ut! Jeg har to store
I stick your eyes out I have two large

kampesteine, med dem skal jeg knuse både marg
boulders with them shall I crush both marrow
(his hooves)

og bene!"
and bone

sa bukken. Og så hoppet den på trollet og
said the buck And so jumped it on the troll and
(the billy goat)

stakk ut øynene på han, slo sund både marg
stuck out the eyes on him struck to pieces both marrow
(of)

og bein, og stanget han utfor fossen; og så
and bone and butted him out for the waterfall and then
(down)

gikk den til seter. Der ble
went it to the mountain meadow There became

bukkene   så   fete,   så   fete   at   de   nesten   ikke
the billy goats so   fat   so   fat   that they   almost   not

orket   å   gå   hjem   igjen,   og   er   ikke   fettet   gått   av
managed to   go   home   again   and   is   not   the fat   gone   off

dem,   så   er   de   det   ennu.
them   so   are   they   that   still

Og   snipp   snapp   snute,   her   er   det   eventyret   ute.
And   snip   snap   snout   here   is   the   adventure   out
(over)

Presten og klokkeren

Presten   og   klokkeren
The priest   and   the bellman

Det   var   en   gang   en   prest,   som   var   slik   en
It   was   one   time   a   priest   who   was   such   an
(There)

børste   at   han   skrek   langt   unna,   når   han
energetic fellow   that   he   yelled   (from) far   away   when   he

så   noen   kom   kjørende   i   møte   med   seg   i
saw   someone   come   driving   in   meet   with   him   in
towards him   (on)

landeveien: "Av   veien,   av   veien,   her   kommer
the country road   Off   the road   off   the road   here   comes

selve   presten!"
(him)self   the priest

En   gang   han   gikk   og   oppførte   seg   så,   møtte
One   time   he   went   and   behaved   himself   so   met

han kongen. "Av veien, av veien!" skrek han på
he the king Off the road off the road yelled he on
(from)

lang lei. Men kongen kjørte som han kjørte,
(a) long distance But the king drove as he drove

og reiste fram, han, så den gangen måtte
and traveled forth he so that -the- time must

presten vike hesten sin; og da kongen
the priest move to the side the horse (of) his and when the king

kom jevnsides med han, sa han: "I morgen skal
came besides with him said he In morrow shall
Tomorrow

du møte på kongsgården, og kan du ikke løse
you meet on the king's hall and can you not solve

tre spørsmål jeg vil gi deg, skal du miste både
three questions I will give you shall you lose both

kappe og krage for ditt hovmods skyld."
coat and collar for your pride's fault

Det var annet slag enn presten var vant til. Hauke
That was another sort than the priest was used to Hawk
(Cry)

og skråle og bære seg verre enn ulikt, det
and shout and bear himself worse than unequal that
(behave)

kunne han; men spørsmål og svar var ikke hans
could he but questions and answers were not his

far. Så reiste han til klokkeren, som hadde ord
go So traveled he to the bellman who had word
(daily fare)

for å være bedre i kappen enn presten var.
for to be better in cutting than the priest was
(blabbing, archaic)

Til han sa han, han hadde ikke hug til å reise,
To him said he he had no lust for to travel

"for en gap kan spørre mer enn ti vise kan
for a fool can ask more than ten wise can
(old norse)

svare," sa han, og så fikk han klokkeren til å fare
answer said he and so got he the bellman for to go

istedenfor seg.
instead of himself
(arch: i stedet for)

Ja, klokkeren reiste, og kom til kongsgården med
Yes the bellman traveled and came to the king's court with

11

prestens kappe og krage på. Der tok kongen
the priests hood and collar on There took the king

imot han ute i svala både med krone og
towards him outside in (the) porch both with crown and
(in)

septer, og var så gild at det lyste og lavde
sceptre and was so glorious that it shone and showered

av han.
off him

"Nå, er du der?" sa kongen.
Now are you there said the king

Ja, han var da det, det var sikkert nok.
Yes he was there that that was sure enough

"Si meg nå først," sa kongen, "hvor langt er det
Tell me now first said the king how far is it

fra øster til vester?"
from east to west

"Det er en dagsreise det," sa klokkeren.
That is one day's journey that said the bellman

"Hvordan det?" sa kongen.
How that said the king

"Jo—o, solen går opp i øster og ned i
Yeah.... the sun goes up in (the) east and down in
(Yeah well)

vester, og det gjør hun snilt på en dag," sa
(the) west and that does she nicely on one day said

klokkeren.
the bellman

"Ja ja," sa kongen. "Men si meg nå," sa han, "hva
Yes yes said the king But tell me now said he what

mener du vel jeg er verd, slik som du ser meg
think you well I am worth such as you see me

her?"
here

"Å, Kristus ble takseret for tredve sølvpenge, så
Oh Christ became valued for thirty silver coins so
(at)

jeg tør vel ikke sette deg høyere enn til — ni
I dare well not set you higher than to nine

og tyve," sa klokkeren.
and twenty said the bellman

"Nå nå!" sa kongen. "Siden du er så klok på alle
Now now said the king Since you are so smart at all

slag, så si meg hva det er jeg tenker nå?"
sorts so tell me what that is I think now

"Å, du tenker vel det er presten som står for
Oh you think well that is the priest who stands before

deg, men skam få meg, tenker du ikke feil, for
you but shame get me think you not wrong for
shame on me

det er klokkeren," sa han.
that is the bellman said he

"Nå, så reis — hjem med deg, og vær du
Now so travel home with yourself and be you
(to)

prest og la han bli klokker," sa kongen, og så
(the) priest and let him be bellman said the king and so

ble det.
became it

Askeladden som kunne lyve bedre enn prinsessen

Askeladden som kunne lyve bedre enn prinsessen
The ash boy who could lie better than the princess
(The youngest son)

Det var en gang en konge som hadde en datter,
It was one time a king who had a daughter
(There)

og hun var så slem til å lyve at ingen kunne
and she was so sly for to lie that none could

være verre. Så satte han ut, at den som kunne
be worse So set he out that the one who could
announced he

lyve slik at han kunne lyve bedre enn henne,
lie such that he could lie better than her

skulle få både henne og halve kongeriket. Det
should get both her and half the kingdom That
(There)

var mange som prøvde på det, for alle ville
were many who tried -on- it for all wanted

gjerne ha prinsessen og halve riket, men ille
gladly have the princess and half the kingdom but bad

gikk det dem alle sammen.
went it them all together

Så var det tre brødre som også skulle avsted og
So was it three brothers who also should off-place and
  were there (go)

prøve lykken. De to eldste la da av gårde
try the luck The two oldest lay then off court
  (their fortune) (set) (stead)

først, men det gikk ikke bedre med dem enn med
first but it went not better with them than with

alle de andre. Så skulle Askeladden i veien, og
all the others So should the ash-boy in the way and
  (the youngest son) go on his way

han traff prinsessen i fjøset.
he met the princess in the barn
  (fe-hus; cattle-house)

"God dag," sa han, "og takk for sist!"
Good day said he and thanks for last (time)
  long time no see

"God dag," sa hun, "og selv takk for sist!
Good day said he and yourself thanks for last (time)
  long time no see

Dere har ikke så stort fjøs dere som vi
You have not so big cattle-house yours as we
(barn)

likevel," sa hun; "for når det står en gjeter i
though said she for when that stands a herder in
(there)

hver sin ende og blåser på bukkehorn, så kan de
each its end and blows on the buck's horn so can they

ikke høre hverandre."
not hear each other

"Å jo da," sa Askeladden, "vårt er mye større;
Oh yes then said the Ash-boy ours is much bigger
(the youngest son)

for når ei ku tar kalv i den ene enden av
for when one cow takes kalf in the one -the- end of

det, så bær hu ikke før hu kommer i den
it so bears she not before she comes in the

andre."
other

"Ja så," sa prinsessen. "Ja, men dere har ikke så
Yes so said the princess Yes but you have not so

stor okse dere likevel som vi; der ser du den!
big oxen you like as we there see you it

Når det sitter en på hvert horn, så kan de ikke
When that sits one on each horn so can they not

nå hverandre med en målestokk."
touch each other with a measure-stick
(yardstick)

"Pytt!" sa Askeladden, "vi har en okse så stor,
Well said the Ash-boy we have one oxen so big
(Darn) (the youngest son)

at når det sitter en på hvert horn og blåser i
that when it sits one on each horn and blows in

lur, så hører de ikke hverandre."
horns so hear they not each other
(as musical instr.)

"Ja så," sa prinsessen. "Men dere har ikke så mye
Yea so said the princess But yours has not so much

melk, dere likevel som vi," sa hun; "for vi melker
milk yours like as we said she for we milk

melk i store bøtter og bærer inn og slår i
milk in large buckets and carry inside and strike in
(create)

store gryter og yster store oster."
large pots and cheesemake large cheeses

"Å, vi melker i store kar og kjører inn og slår
Ah we milk in large carts and drive inside and strike
(make)

i store bryggepanner og yster oster så store
in large brewing pans and cheesemake cheeses so large

som hus, og så har vi en elgsblakk merr
as houses and then have we a moose-pale brown mare

til å tråkke osten i hop; men en gang så
for to pull the cheese in heap but one time so
together

føllet den i osten, og da vi hadde ett par
fell it in the cheese and when we had a few

osten i sju år, traff vi på en stor
cheeses in seven years found we on a large
(after)

elgsblakk hest. Den skulle jeg kjøre til
moose-pale brown mare That (one) should I drive for

kverna med en gang, så røk ryggen av på den;
churning with one time so smoked the back off on it
(burned)

men jeg visste råd for det, jeg tok en
but I knew (a) solution for it I took a

granbuske og satte i den til rygg, og annen rygg
spruce bush and set in to for back and another back

hadde den ikke siden, så lenge vi hadde den. Men
had it not since so long we had it But

den grana vokste og ble så stor at jeg
that -the- branch grew and became so big that I

klatret til himmels opp igjennom den, og da jeg
crept up heaven up through it and when I

kom dit, satt jomfru Maria og spant bustreip
came there sat (the) maiden Mary and spun brush-rope

av grynsodd. Rett som det var, så røk grana
of groat-soup Right as that was so smoked the branch
                                          (burned)

av, og jeg kunne ikke komme ned igjen; men
off and I could not come down again but

jomfru Marie rente meg ned i et av reipene,
(the) maiden Mary ran me down in one of the ropes
              (let glide)   (on)

og så kom jeg ned i et revehi; og der satt
and so came I down in a fox hole and there sat

mor mi og far din og lappet sko, og
mother (of) mine and father (of) yours and patched shoes and

rett som det var, så slo mor mi til far
right as that was so hit mother mine -to- (the) father

din så skurven føk av 'n."
(of) yours so (hard) (that) the scabs flew off him

"Det løgst du!" sa prinsessen, "far min har
That lie you said the princess (the) father (of) mine has

aldri vært skurvet her i verden."
never been scurvy here in the world

Og så fikk Askeladden både prinsessen og halve
And so got the Ash-boy both the princess and half
(the youngest son)

kongeriket.
the kingdom

Den syvende far i huset

Den syvende far i huset
The seventh father in the house

Det var en gang en mann som var ute å ferdes.
It was one time a man who was out to roam
(There) roaming

Så kom han langt om lenge til en stor og vakker
So came he far about long to a large and beautiful
finally

gård; det var en herregård så gild at den gjerne
farm it was a mansion so great that it happily

kunne ha vært et lite slott. "Her skal det bli godt
could have been a little castle Here shall it be good

å få hvile ut," sa han ved seg selv, da han
to get rest -out- said he with himself -self- when he

kom innenfor grinda. Tett ved sto en gammel
came before (the) gate Close by stood an old

mann   med   grått   hår   og   skjegg   og   hogg   ved.
man   with gray   hair and beard   and chopped wood

"God   kveld,   far,"   sa   ferdesmannen;   "kan   jeg
Good   evening father said the roaming-man can   I
                                 (the traveler)

få   lånt   hus   i   natt?"
get borrowed house in night
stay over at your house tonight

"Jeg   er   ikke   far   i   huset,"   sa   gamlingen;   "gå
I   am   not (the) father in the house said the old man   go

inn   i   kjøkkenet   og   snakk   til   far   min!"
inside in the kitchen and chat   to (the) father (of) mine

Ferdesmannen   gikk   inn   i   kjøkkenet;   der   traff
The roaming-man went   insiide in the kitchen there found
(The traveler)

han   en   mann   som   var   enda   eldre,   og   han   lå   på
he   a   man   who   was   even   older   and he   lay on

kne   fremfor   peisen   og   blåste   på   varmen.
(the) knees before the fireplace and blew on the heat

"God   kveld,   far,   får   jeg   lånt   hus   i   natt?"   sa
Good   evening father get   I   borrowed house in night   said
                              may I stay for the night

ferdesmannen.
the roaming-man
(the traveler)

"Jeg er ikke far i huset," sa den gamle; "men
I am not father in the house said the old (one) but

gå inn og snakk til far min; han sitter
go inside and chat to (the) father (of) mine he sits

ved bordet i stua."
at the table in the room

Så gikk ferdesmannen inn i stua og snakket
So went the roaming-man inside in the room and chatted
(the traveler)

til den som satt ved bordet; han var enda
to the (one) who sat at the table he was even

meget eldre enn begge de andre, og han satt og
much older than both the others and he sat and

hakket tenner, ristet og skalv, og leste i en
chopped (the) teeth shook and trembled and read in a
(clattered)

stor bok, nesten som et lite barn.
large book almost like a small child

"God kveld, far, vil I låne meg hus i natt?"
Good evening father will you loan me house in night
will you let me stay tonight

sa mannen.
said the man

"Jeg er ikke far i huset; men snakk til far
I am not father in the house but chat to (the) father

min, han som sitter i benken," sa mannen som
(of) mine he who sits in the bench said the man who
(on)

satt ved bordet og hakket tenner og ristet og
sat at the table and chopped teeth and shook and

skalv.
trembled

Så gikk ferdesmannen til han som satt i benken,
So went the traveler to him who sat on the bench

og han holdt på og skulle få seg en pipe
and he held on and should get himself a pipe

tobakk; men han var så sammenkrøpen og ristet
tobacco but he was so together-crept and shook
(shrunk)

slik på hendene at han nesten ikke kunne holde
so on the hands that he almost not could hold
(with)

på pipa.
on (the) pipe

"God kveld, far," sa ferdesmannen igjen. "Kan jeg
Good evening father said the traveler again Can I

få lånt hus i natt?"
get borrowed house in night
stay the night

"Jeg er ikke far i huset," svarte den gamle
I am not father in the house answered the old

sammenkrøpne kallen; "men snakk til far
together-crept -the- man but chat to (the) father
(shrunk)

min, som ligger i senga."
(of) mine who lies in the bed

Ferdesmannen gikk til senga, og der lå en
The traveler went to the bed and there lay an

gammel, gammel kall, som det ikke var noe
old old guy whom it not was anything
(there)

annet levende å se på enn et par store øyne.
else living to see on than a pair (of) large eyes

"God kveld, far, kan jeg få lånt hus i natt?"
Good evening father can I get borrowed house in night
stay over tonight

sa ferdesmannen.
said the traveler

"Jeg er ikke far i huset; men snakke til
I am not father in the house but chat to

far min, som ligger i vogga," sa kallen
(the) father (of) mine who lies in the crib said the man

med de store øynene.
with the large -the- eyes

Ja, ferdesmannen gikk til vogga; der lå en
Yes the traveler went to the crib there lay an

eldgammel kall, så sammenkrøpen at han ikke var
ancient man so together-crept that he not was
(shrunk)

større enn et spedbarn, og han kunne ikke
bigger than a suckling and he could not

skjønne at det var liv, på annet enn at det
understand that it was alive on else than that it

låt i halsen på han.
sounded in the throat on him
(of)

"God kveld, far, kan jeg få lånt hus i natt?"
Good evening father can I get borrowed house in night
stay over tonight

sa mannen.
said the man

Det varte lenge før han fikk svar, og enda
It took long before he got (an) answer and even

lenger før kallen ble ferdig med det; han sa,
longer before the man became ready with it he said

han som de andre, at han var ikke far i
he as the others that he was not father in

huset, "men snakk til far min, han henger
the house but chat to (the) father (of) mine he hangs

i hornet på veggen."
in the horn on the wall

Ferdesmannen glante oppover veggene, og til sist
The traveler glanced up over the walls and at last

fikk han øye på hornet også; men da han så
got he eye on the horn also but when he saw

efter han som hang i det, var han ikke annerledes
after him who hung in it was he not anything else

å se til enn en hudball som hadde lignelse av et
to see for than a skin-ball which had (a) likeness of a

menneskeansikt.
man's face

Da ble han så fælen at han skrek høyt:
Then became he so frightened that he shouted high

"God kveld, far! Vil I låne meg hus i natt?"
Good evening father Will you loan me house in night
let me stay over tonight

Det pipa oppe i hornet som en liten mus, og
It squeaked up in the horn like a little mouse and

det var ikke mer enn så han kunne skjønne at
it was not more than so he could understand that

det skulle være det samme som: "Ja, barnet
it should be the same as Yes -the- child

mitt!"
(of) mine

Og nå kom det inn et bord som var dekket
And now came it inside a table which was covered
            (there)

med de kosteligste retter og med øl og
with the most delicious food platters and with beer and

med brennevin, og da han hadde spist og
with brandywine and when he had eaten and

drukket, kom det inn en god seng med
drunk came it inside a good bed with
            (there)

reinkalvs-felder, og ferdesmannen var nokså
reindeer-calf-skin and the traveler was enough-so
                                            (quite)

glad for det han langt om lenge hadde funnet
happy for that he far about long had found

den rette far i huset.
the right father in the house

Mannen som skulle stelle hjemme

Mannen som skulle stelle hjemme
The Man who should order home
do housekeeping

Det var en gang en mann som var så gretten og
It was one time a man who was so grumpy and
(There)

vill, og aldri syntes han at kjerringa gjorde nok
wild and never felt he that the woman did enough
(rude)

i huset. Så kom han hjem en kveld i
in the house So came he home one evening in

slåttonna og grein og skjelte og bante så det
strike-work and grain and scolded and baned so it
(the threshing) (cursed)

lyste om han.
sparked around him

"Kjære vene, vær ikke så vond, far," sa
Dear -the- friend be not so bad father said

kjerringa; "i morgen skal vi bytte arbeid: jeg skal
the woman in morrow shall we change work I shall
      tomorrow

gå med slåttekarene, så kan du stelle hjemme."
go with the threshing men so can you order home
      do the housekeeping

Ja, det var mannen vel nøgd med, og det ville
Yes that was the man well pleased with and that wanted

han gjerne.
he gladly

Tidlig om morgenen tok kjerringa ljåen på
Early in the morning took (the) woman the scythe on

nakken og gikk i enga og skulle slå, og
the neck and went in (the) meadow and should strike and
      (scythe)

mannen skulle da til å stelle i huset. Først
the man should then for to order in the house First
      do housekeeping

ville han til å kjerne smør; men da han hadde
wanted he for to churn butter but when he had

kjernet en stund, ble han tørst og gikk ned i
churned a while became he thirsty and went down in

35

kjelleren for å tappe øl. Mens han holdt på å
the cellar for to tap beer While he held on to
(pour)

tappe i ølbollen, fikk han høre at grisen var
tap in the beer bowl got he to hear that the pig was
(had)

kommet i stua. Han la i vei med tappen i
come in the room He set in way with the tap in
set off

neven, opp igjennem kjellertrappen som aller
the fist up through the cellar stairs as all

snarest og skulle se efter grisen, så den ikke
fastest and should see after the pig so it not

veltet kjernen; men da han fikk se at
turned over the churn but when he got to see that

grisen alt hadde slått overende kjernen og sto
the pig already had struck over-end the churn and stood
(up-end)

og smattet på fløten, som rant utover
and was noisily eating on the cream which ran out over

gulvet, ble han så flyende sint at han rent
the floor became he so raging mad that he clean

glemte øltønnen, og satte efter grisen det beste
forgot | the beer barrel | and | set off | after | the pig | the | best

han vant. Han nådde den igjen i døren og gav
he | gained (could) | He | reached | it | again | in | the door | and | gave

den et dyktig spark, så den ble liggende på
it | a | forceful | kick | so | it | remained | lying | on

flekken. Nå kom han i hug at han gikk med
the spot | Now | came | him | in | mind | that | he | went | with

tappen i hånden; men da han kom ned i
the tap | in | the hand | but | when | he | came | down | in

kjelleren, var øltønnen tom.
the cellar | was | the beer barrel | empty

Han gikk da på melkebua igjen og fant så meget
He | went | then | at | the milk-bin | again | and | found | so | much

fløte at han fikk kjernen full, og så gav han
cream | that | he | got | the churn | full | and | so | gave (set) | he

seg til å kjerne; for smør ville han ha til
himself | for | to | churn | for | butter | wanted | he | have | for

middags. Da han hadde kjernet en stund, kom
lunch When he had churned a while came

han i hug at heimekua sto inne enda og
him in mind that the home cow stood inside still and

hverken hadde fått vått eller tørt, enda det var
neither had gotten wet or dry though it was
drink or food

langt på dag. Han syntes det var for langt å gå til
far on day He thought that was too far to go to
in the day

hagen med den, han fikk slippe den opp på
the garden with it he got to drop it up on

taket, tenkte han; det var torvtak på bygningen,
the roof thought he it was (a) peat roof on the building
(there)

og der sto stort, gildt gras. Huset lå i en
and there stood big lush grass The house lay in a
(on)

bratt bakke, og når han la en planke bort på
steep slope and when he lay a plank away on

taket, så trodde han nok han skulle få opp
the roof so believed he enough he should get up

kua.   Men   kjernen   torde   han   ikke   slippe   heller,
the cow   But   the churn   dared   he   not   let go of   either

for   den   vesle   ungen   hans   fór   og   kravlet   og
for   the   little   -the- boy   (of) his   went   and   crawled   and

krabbet   på   gulvet;   han   kunne   gjerne   slå   den
crept   on   the floor   he   could   gladly   strike   it

overende.   Så   tok   han   kjernen   på   ryggen;   men   så
over-end   So   took   he   the churn   on   the back   but   then
(upside down)

skulle   han   gi   kua   vann   først,   før   han   slapp
should   he   give   the cow   water   first   before   he   let

den   på   taket.   Å   ja,   han   tok   en   bøtte   og   skulle
it   on   the roof   Oh   yes   he   took   a   bucket   and   should

ta   vann   i   brønnen   med,   men   da   han   bøyde
take   water   in   the well   along   but   when   he   bent

seg   over   brønnkanten,   rant   fløten   ut   av
himself   over   the well side   ran   the cream   out   of

kjernen   og   ned   i   nakken   på   han.
the churn   and   down   in   the neck   at   him

Det led sterkt til middags, og smør hadde han
That lead strong to lunch and butter had he
became time for

ikke fått enda; så tenkte han han fikk koke
not got even so thought he he got to cook

graut, og hengte en gryte med vann på peisen.
porridge and hung a kettle with water on the fireplace

Da han det hadde gjort, kom han i tanker om
When he that had done came he in thoughts for

at kua kunne gå utfor taket og bryte beina
that the cow could go out for the roof and break the legs
(off)

eller nakken av seg; gikk så opp og skulle binde
or the nack of himself went so up and should bind

den. Den ene enden av repet bandt han om
it The one end of the rope bound he around

halsen på kua, slapp det ned igjennom pipa,
the neck on the cow let go it down through the chimney

og bandt rephelda om låret sitt, for
and bound the rope hold around the thighs (of) his for

vannet kokte alt i gryta, og han måtte til å
the water cooked already in the pot and he must for to

stampe grauten. Mens han holdt på med det, falt
stamp the porridge While he held on with that fell

kua utover taket likevel og dro mannen
the cow out over the roof nonetheless and drew the man
(pulled)

opp igjennom pipa; der satt han fast, og
up through the pipe there sat he fast and
(the chimney)

kua hang utenfor veggen og svevet mellem
the cow hung out in front of the wall and floated between

himmel og jord, og kunne hverken komme opp
heaven and earth and could neither come up

eller ned.
or down

Konen hadde ventet i syv lange og syv brede
The wife had waited in seven long and seven wide

på at mannen skulle komme og rope hjem til
on that the man should come and call home for

middags; men det varte og det rakk, og
lunch — but — it — lasted — and — it — stretched (out) — and

ikke ble det til noe. Til sist syntes hun det
not — became — it — to — anything — At — last — thought — she — it

drygde vel lenge, og gikk hjem. Da hun fikk
drew — well — long — and — went — home — When — she — got
(took)

se at kua hang så stygt til, gikk hun bort og
to see — that — the cow — hung — so — nasty — to — went — she — forth — and

hogg over repet med ljåen; i det samme falt
cut — over — the rope — with — the scythe — in — that — same — fell

mannen ned igjennem peispipa, og da
the man — down — through — the fireplace-pipe — and — when
(the chimney)

kjerringa kom inn, sto han på hodet i
the woman — came — inside — stood — he — on — the head — in

grautgryta.
the porridge kettle

Bamse Bra-kar

Bamse Bra-kar
Teddy Good-man

Det var en gang en bonde som reiste til
It was one time a farmer who travelled to
(There)

fjells efter et lauvlass til buskapen sin om
(the) mountain after a leafheap for the cattle his in
(for)

vinteren. Da han kom til lauvhesjene, rygget han
the winter When he came to the leaf stack backed he

sleden med hesten tett inntil, og gikk opp i
the sled to the horse tight into and went up in

hesja og tok til å velte lauvkjerv ned på
(the) pile and took for to turn over foliage bundles down on

sleden. Men det var en bjørn i hesja, som hadde
the sled But that was a bear in (the) pile who had
(there)

lagt seg i hi der, og da mannen la til
laid itself in lair there and when the man laid for
(hibernation) started

å rive og rumstere, så våknet bjørnen og
to tear up and rummage around then awoke the bear and

sprang ut, like ned på sleden. Da hesten fikk
jumped out straight down on the sled When the horse got

været av bamsen, ble han skremt og satte
sense of the teddy became he scared and set

avsted nedover, som han hadde stjålet både
off place down over as if he had stolen both

bjørnen og sleden, og den gangen gjorde
the bear and the sled and that -the- time made
this time

han ikke veien lang.
he not the way long
he did not dilly-dally

Bjørnen har ord for at han ikke er fælen; men
The bear has word for that he not is scared but

han var ikke vel nøgd med skyssen denne
he was not well used with the transportation that
(to)

gangen, der han satt: han holdt seg fast det
-the- time there he sat he held himself tight the

beste han orket, og glante skremt på alle sider,
best he managed and glanced scared to all sides

om han skulle få en sjanse til å kaste seg av;
if he should get a chance for to throw himself off

men han var nok ikke vant med å kjøre, og så
but he was still not used with to drive and so

så han seg ikke von til.
saw he himself not hope for

Da han hadde kjørt et langt stykke, møtte han
When he had ridden a long piece met he
(stretch)

en kremmer.
a peddler

"Hvor i guds navn skal futen hen i dag?" sa
Where in gods name shall the bailiff (go) to in day said
today

kremmeren; "han har visst knapp tid og lang
the peddler He has surely hardly time and (a) long
(little)

vei, siden han kjører så fort?"
road since he drives so fast

Men bjørnen svarte ikke et ord, han hadde nok
But the bear answered not a word he had enough

med å holde seg fast.
with to hold himself tight

Om en stund så møtte han en fantekjerring. Hun
In a while so met he a poor-woman She
(beggar woman)

hilste og nikket med hodet, og bad om en
greeted and nodded with the head and bade for a

skilling i Guds navn. Bjørnen sa ingenting, men
shilling in God's name The bear said nothing but

holdt seg fast og kjørte utover det forteste han
held himself tight and drove out over the fastest he
(past) as soon as

vant.
came

Da han kom et stykke lenger ned, møtte han
When he came a bit longer down met he

Mikkel Rev.
Mikkel Fox

"Hei, hei, er du ute og kjører?" skrek Mikkel; "bi
Hey hey are you out and drive yelled Mikkel wait
(driving)

litt, la meg få sitte bakpå og være
(a) little let me get to sit back-on and be
(on the back)

skyssgutt!"
shuttle-boy

Bamsen sa ikke et ord, men holdt seg vel fast,
The teddy said not a word but held himself quite tight

og kjørte så fort som hesten ville renne.
and drove so fast as the horse wanted to run

"Ja vil du ikke ta meg med, så skal jeg spå
Yes will you not take me along so shall you be sorry

deg det, at kjører du i dag som
yourself (for) that to drive you in day as
today

finnmutt-kar, henger du i morra med ryggen
reindeer skin-man hang you in morrow with the back
tomorrow

bar," skrek reven efter han.
bare called the fox after him

Bjørnen hørte ikke et ord av det som Mikkel sa;
The bear heard not a word from that which Mikkel said

han kjørte like fort.
he drove just fast

Men da hesten kom på gården, satte han inn
But when the horse came on the yard set he inside

igjennom stalldøren i fullt firsprang så han
through the stable door in full gallop so he

kledde av seg både sele og slede, og bjørnen
dressed off himself both harness and sled and the bear

slo skallen i dørbjelken så han lå død på flekken.
hit the skull in the door beam so he lay dead on the spot

Bonden, han lå i hesja og veltet og
The farmer he lay in the (leaf)stack and turned over and
(shoveled)

veltet lauvkjerv, til han trodde han hadde
turned over foliage bundles until he believed he had
(shoveled)

49

fullt lass på sleden; men da han skulle til å
(a) full load on the sled but when he should for to

gjure lasset, hadde han hverken hest eller slede.
fasten the load had he neither horse nor sled

Så måtte han traske efter, for å finne igjen
So must he trudge after for to find again

hesten sin.
the horse (of) his

Om en stund møtte han kremmeren.
In a while met he the peddler

"Har du møtt noen hest og slede?" sa han til
Have you met some horse and sled said he to

kremmeren.
the peddler

"Nei," sa kremmeren, "men jeg møtte futen
No said the peddler but I met the bailiff

nedpå her, han fór så fort, han skulle visst bort
down here he drove so fast he should surely away

og   flå   noen."
and   flay   someone
      (whip)

Om en stund så møtte han en fattig kjerringa.
After   a   while   then   met   he   a   poor   old lady

"Har   du   møtt   noen   hest   og   slede?"   sa   han   til
Have   you   met   some   horse and   sled   said   he   to

kjerringa.
(the) old lady

"Nei," sa kjerringa; "men jeg møtte presten nedpå
No   said (the) old lady   but   I   met   the priest   down

her; han skulle visst i   sognebud,   for han fór
here   he   should surely in (a) parish message for   he   drove
                                    (on)

så fort, og   bondeskyss   hadde 'n."
so   fast   and   (the) farmer's transport   had   he

En stund efter møtte bonden reven.
A   while   after   met   the farmer the fox

"Har du møtt noen hest og slede?" sa bonden.
Have you   met   some horse and   sled   said the farmer

"Ja," svarte Mikkel; "men Bamse Bra-kar satt på,
Yes answered Mikkel but Teddy Good-man said on

og kjørte som han hadde stjålet både hest og
and drove as if he had stolen both (the) horse and

redskap."
tools

"Fanden fare i 'n! Han kjører vel i hjel hesten
The devil get in him He drives well in death the horse
to death

for meg," sa bonden.
for me said the farmer

"Så dra av 'n pelsen og steik 'n på gloa," sa
So pull off him the coat and stick him on (the) glow said
(the grill)

Mikkel. "Men skulle du få igjen hesten din, så
Mikkel But should you get again the horse (of) yours so

kunne du skysse meg over fjellet, for jeg kan
can you shuttle me over the mountain for I can

fare lekkert," sa reven, "og jeg kunne og ha hug
ride nicely said the fox and I could also have lust

til å prøve hvordan det er å ha fire bein føre
for to try how it is to have four legs before

seg."
oneself

"Hva gir du for skyssen?" sa bonden.
What give you for the transport said the farmer

"Du kan få vått og tørt, hva du lyster," sa
You can get wet and dry what(ever) you like said

reven; "alltids får du likeså mye av meg som
the fox always get you (the) same much of me as

av Bamse Bra-kar; for han bruker være grov til
from Teddy Good-man for he uses be rude for

å ta seg betalt, når han tar skyss og
to take himself paid when he takes (the) shuttle and

henger seg på hesteryggen."
hangs himself on the horseback

"Ja, du skal få skyss over fjellet," sa bonden,
Yes you shall get shuttle over the mountain said the farmer

"bare du vil møte meg her i morra ved dette
only you will meet me here in morrow at this

leite." Han skjønte det at Mikkel gjorde narr av
time He understood it that Mikkel made (a) fool of

han og var ute med revestrekene sine.
him and was out with the fox' naughty deeds of his
                (done)

Så tok han med seg en ladd børse på sleden,
So took he with himself a loaded gun on the sled

og da Mikkel kom og tenkte han skulle få
and when Mikkel came and thought he should get

friskyss, fikk han en haglladning i skrotten, og
free transport got he a load of hail in the carcass and

så dro bonden belgen av han, så hadde han
so pulled the farmer the skin off him so had he

både bjørnehud og revebelg.
both bear-skin and fox-skin

Småguttene som traff trollene på Hedalsskogen

Småguttene som traff trollene på Hedalsskogen
The small boys who met the trolls at Hedalsforest

På en plass oppe i Vågå i Gudbrandsdalen bodde
At a place up in Vaga in Gudbrandsdalen lived

det en gang i gamle dager et par fattige folk.
it one time in old days a couple (of) poor people
(there)

De hadde mange barn, og to av sønnene, som
They had many children and two of the sons who

var så ved lag halvvoksne, måtte støtt reke
were so by measure half-grown up must continually drift

omkring på bygda og tigge. Derfor var de vel
around at the village and beg Therefore were they well

kjent med alle veier og stier, og de visste også
known with all roads and paths and they knew also

benveien   til Hedalen.
the leg-way to   the Hedal
(the short cut)

En gang ville de gå dit. Men de hadde hørt
One time wanted they go there But they had heard

at noen falkefangere hadde bygd seg en
that some falcon catchers had built themselves a

hytte ved Mæla; der ville de gå innom med det
hut by Maela there wanted they go in about with the

samme og se fuglene, og hvordan de fanget
same and see the birds and how they caught

dem, og derfor tok de benveien over
them and therefore took they the leg-way over
                                    (the shortcut)

Langmyrene. Men det led altså langt på høsten
the Longbogs But it lead also far on the autumn

at budeiene hadde reist hjem fra
that the milkmaids had traveled home from

setrene; derfor kunne de ingensteds få
the seters therefore could they at no place get
(the summer meadows)

hus, og ikke mat heller. De måtte da holde ved
home and not food either They must then hold with

veien til Hedalen; men den var bare en grunn
the way to the Hedal but that was only a green

råk, og da mørket kom på dem, tapte de
swath (trail) and when the dark came on them lost they

råken og ikke fant de fuglefangerhytta heller, og
the trail and not found they the bird catcher hut either and

før de visste ordet av det, var de midt i
before they knew the word of that were they middle in
what was happening

tykkeste Bjølstadskogen. Da de skjønte at de
the thickest Bjolstad-forest There they realized that they

ikke kunne komme frem, gav de seg til å
not could come forward gave they themselves for to

kviste bar, gjorde opp varme, og bygde seg
cut twigs make up warm and build themselves

en barhytte; for de hadde med vedøksa. Og
a hut of branches for they had along the wood axe And

så rev de opp lyng og mose, som de gjorde
so ripped they up heather and moss which they made

et leie av. En stund efter de hadde lagt
a lie of A while after they had lied
(place to sleep)

seg, fikk de høre noen som snøftet og
themselves got they to hear something that snorted and

været sterkt. Guttene la øret til, og lydde vel
sniffed strongly The boys lay the ear to and listened well

efter om det skulle være dyr eller skogtroll de
after if that should be animals or forest trolls they

hørte. Men så dro det været enda sterkere og sa:
heard But so drew that sniffing even stronger and said

"Det lukter kristent blod her!"
It smells (like) christian blood here

Så hørte de det steg så tungt at jorden
Then heard they the steps so heavy that the earth

skalv under det, og så kunne de vite at
trembled under it and so could they know that

trollene var ute.
the trolls were out

"Gud hjelpe oss, hva skal vi nå gjøre?" sa den
God help us what shall we now do said the

yngste gutten til bror sin.
youngest -the- boy to brother his
                              his brother

"Å, du får bli stående under furua, der du
Oh you may remain standing under the pines there you
                                                (where)

står, og være ferdig til å ta posene og
stand and be ready for to take the bags and

stryke din kos når du ser de kommer, så skal
strike your course when you see them come so shall
       run away

jeg ta vedøksa," sa den andre.
 I take the wood axe said the other

I det samme så de trollene komme settende, og
In that same saw they the trolls come (on)setting and

de var så store og digre at hodene på dem
they were so big and fat that the heads on them

var jevnhøye med furutoppene. Men de
were (the) same height with the pine tops But they

hadde bare ett øye sammen alle tre, og det
had only one eye together all three and that

skiftes de til å bruke; de hadde et hull i
shifted they for to use they had a hole in

pannen, som de la det i, og styrte det med
the forehead which they lay it in and cast it with

hånden; den som gikk før, han måtte ha det,
the hand the (one) who went in front he must have it

og de andre gikk etter og holdt seg i den
and the others went after and held themselves in the

første.
first

"Ta hyven!" sa den eldste av guttene; "men
Take (a) leap said the oldest of the boys but
(archaic: spranget)

fly ikke for langt, før du ser hvordan det går;
fly not too far for you see how it goes
(run)

siden de har øyet så høyt, har de vondt for
since they have the eye so high have they (it) difficult for

å se meg når jeg kommer bak på dem."
to see me when I come back at them

Ja, broren rente føre, og trollene drog efter.
Yes the brother ran in front and the trolls drew after
(followed)

Imens kom den eldste gutten bak på dem og
Meanwhile came the oldest -the- boy back at them and

hogg til det bakerste trollet i ankel, så det
chopped to the most behind troll in (the) ankle so it

slo opp et fælslig skrik, og det første trollet
struck up a terrible shriek and the first -the- troll

ble så skremt at det skvatt, og slapp øyet,
became so scared that it startled and let go of the eye

og gutten var ikke sen om å snappe det. Det var
and the boy was not late for to snatch it It was

større enn om en hadde lagt i hop to
bigger than if one had put to -gether two

potteskåler, og så klart var det, at enda det var
bowls · and so clear was it that although it was

kòlmørke natta, ble det som lyse dagen da
coal-dark night became it like light -the- day when

han så igjennom det.
he saw through it

Da trollene merket at han hadde tatt fra dem
When the trolls noticed that he had taken from them

øyet, og at han hadde gjort skade på en av
the eye and that he had done harm on one of

dem, tok de til å true med alt det vonde som
them took they for to threaten with all that evil that

til var, om han ikke straks på timen gav dem
to was if he not immediately at the time gave them
(there) · right now

igjen øyet.
again the eye

"Jeg er ikke redd for troll og trugsmål," sa
I am not afraid for trolls and threats said

gutten. "Nå har jeg tre øyer alene, og dere tre
the boy Now have I three eyes alone and you three

har ikke noe, og enda må to bære den tredje."
have not any and even must two carry the third

"Får vi ikke øyet vårt igjen på timen, skal du
Get we not the eye ours again on the time shall you
right now

bli til stokk og stein!" skrek trollene.
become to stick and stone screamed the trolls

Men gutten mente det gikk ikke så fort; han var
But the boy believed that went not so fast he was

ikke redd hverken for skryt eller trollskap, sa han;
not afraid either for boast or magic said he

fikk han ikke være i fred, skulle han hogge til
got he not to be in peace should he cut to

dem alle tre, så de skulle komme til å krabbe
them all three so they should come for to crawl

langs bakken som kryp og krek.
along the ground as creepy and crawly

Da trollene hørte dette, ble de redde og tok
When the trolls heard that became they afraid and took

til å gi gode ord. De bad nokså vakkert at
for to give good words They bade enough-so beautiful that
(quite)

han ville gi dem igjen øyet, så skulle han få
he wanted to give them again the eye so should he get

både gull og sølv og alt han ville ha. Ja, det
both gold and silver and all he wanted to have Yes that

syntes gutten var nokså bra, men han ville
thought the boy was enough-so good but he wanted
(quite)

ha gullet og sølvet først, og så sa han at
to have the gold and the silver first and so said he that

hvis en av dem ville gå hjem og hente så mye
each one of them wanted to go home and fetch so much

gull og sølv at han og broren fikk posene
gold and silver that he and the brother got the pockets

sine fulle, og gi dem to gode stålbuer attpå,
of them full and give them two good steel bows moreover

så	skulle	de	få	øyet,	men	så	lenge	ville	han
so	should	they	get	the eye	but	so	long	wanted	he

ha	det.
have	it

Trollene	bar	seg	ille,	og	sa	at	ingen	av
The trolls	bore	themselves	bad	and	said	that	none	of
		(behaved)						

dem	kunne	gå,	når	de	ikke	hadde	øyet	å	se
them	could	go	when	they	not	had	the eye	to	see

med;	men	så	gav	en	av	dem	seg	til	å	skrike	på
with	but	so	gave	one	of	them	himself	for	to	scream	at

kjerringa,	for	de	hadde	ei	kjerring	i	hop	alle
the wife	for	they	had	one	wife	in	heap	all

tre	også.	Om	en	stund	svarte	det	i	en	kamp
three	also	In	a	while	answered	it	in	a	camp

langt	nordpå.	Så	sa	trollene	at	hun	skulle
far	northwards	So	said	the trolls	that	she	should

komme	med	to	stålbuer	og	to	spann,	fulle	av
come	with	two	steel bows	and	two	bins	full	of

gull og sølv, og det varte da ikke lenge før
gold and silver and it waited then not long before

hun var der, skal jeg tro; da hun så fikk høre
she was there shall I believe when she so got to hear

hvordan det hadde skjedd, tok hun også til å
how it had happened took she also for to

true med trollskap. Men trollene ble redde,
threaten with magic But the trolls became afraid

og bad hun skulle ta seg i vare for den vesle
and bade she should take herself in guard for the little

hvepsen, hun kunne ikke være sikker for at han
-the- wasp she could not be sure for that he
(from Danish)

tok hennes øye også. Så kastet hun spannene og
took her eye also So threw she the bins and

gullet og sølvet og buene til dem, og strøk
the gold and the silver and the bows to them and struck
(went)

hjem i kampen med trollene, og siden den tid
home in the camp with the trolls and after that time

har	ingen	hørt	at	trollene	har	gått	på
has	no one	heard	that	the trolls	have	gone	on

Hedalsskogen	og	luktet	efter	kristent	blod.
Hedal's forest	and	smelled	after	christian	blood

Smeden som de ikke torde slippe inn i helvete

Smeden	som	de	ikke	torde	slippe	inn	i	helvete
The smith	who	they	not	dared	let	inside	in	hell

En	gang	i	de	dager	da	Vårherre	og	St.	Peder
One	time	in	the	days	when	Our-lord	and	St.	Peter

gikk	og	vandret	på	jorden,	kom	de	til	en	smed.
went	and	wandered	on	the earth	came	they	to	a	smith

Han	hadde	gjort	kontrakt	med	fanden	om	at
He	had	made	(a) deal	with	the devil	about	that

han	skulle	høre	han	til	om	syv	år,	imot	at
he	should	belong	(to) him	to	about (in)	seven	years	against	that

han	den	tiden	skulle	være	mester	over	alle
he	that	-the- time	should	be	master	over	all

mestere	i	smedkunst,	og	den	kontrakten
masters	in	(the) art of smithing	and	that	-the- deal

hadde både han og fanden skrevet navnet sitt
had both he and the devil written the name theirs

under. Derfor hadde han også satt med store
under Therefore had he also put with large

bokstaver over smiedøren: "Her bor mesteren
letters over the smith's door Here lives the master

over alle mestere!"
over all masters

Da Vårherre kom og fikk se det, gikk han inn.
When Our-lord came and got to see that went he in

"Hvem er du?" sa han til smeden.
Who are you said he to the smith

"Les over døra," svarte smeden; "men kanskje
Read over (the) door answered the smith but maybe

du ikke kan lese skrift, så får du vente til det
you not can read writing so get you wait until it

kommer en som kan hjelpe deg."
comes one who can help you

Før Vårherre fikk svart han, kom det en mann
Before Our-lord got answered him came it a man

med en hest, som han bad smeden sko for seg.
with a horse who he asked the smith to shoe for him

"Kunne ikke jeg få lov å sko den," sa
Can not I get permission to shoe it said

Vårherre.
Our-lord

"Du kan prøve," sa smeden; "galere kan du nå
You can try said the smith crazier can you now

ikke få gjort det, enn jeg kan få det riktig igjen."
not get done it than I can get it right again

Vårherre gikk da ut og tok det ene benet av
Ourlord went then out and took the one -the- leg off

hesten, la det i smieavlen og gjorde skoen
the horse lay it in the smith's fireplace and made the shoe

gloende, så kveste han haker og grev, og
glowing so knocked in he back-calks and front-calk and
horseshoe grip parts

neide sømmene, og så satte han benet helt og
nailed the spikes and then set he the leg whole and

holdent på hesten igjen; da han var ferdig med
unharmed on the horse again when he was ready with

det, tok han av det andre forbenet og gjorde
that took he off the other foreleg and did

like ens; da han hadde satt på igjen det
same once when he had set on again that (one)
the same thing

også, tok han bakbenene, først det høyre, så det
also took he the back legs first the right then the

venstre, la dem i avlen, gjorde skoen
left lay them in the fireplace made the shoe
(on)

gloende, kveste haker og grev og neide
glowing knocked in the back-calks and front-calk and nailed

sømmene, og satte så benet på hesten igjen.
the spikes and set then the leg on the horse again

Imens sto smeden og så på han. "Du er
Meanwhile stood the smith and looked at him You are

ikke så dårlig smed enda du," sa han.
not so bad (a) smith though you said he

"Synes du det," sa Vårherre.
Think you that said Our-lord

Litt efter kom mor til smeden bort
(A) Little (while) after (that) came (his) mother to the smith forth

og bad han komme hjem og ete til middag; hun
and asked him to come home and eat for dinner she

var gammel og skral, fælt kroket i
was old and (in a) bad (condition) horribly bent in

ryggen og rynket i ansiktet, og kunne med nød
the back and wrinkled in the face and could with trouble

og neppe gå.
and hardly walk

"Legg nå merke til det du ser," sa Vårherre;
Lay now notice to that (what) you see said Our-lord

han tok konen, la henne i smieavlen og
he took the hag lay her in the smith's fireplace and

smidde en ung deilig jomfru av henne.
forged a young beautiful maiden from her

"Jeg sier som jeg har sagt, jeg," sa smeden, "du
I say what I have said I said the smith you

er slett ikke noen dårlig smed. Det står over
are absolutely not any bad smith That stands over

døra mi: Her bor mesteren over alle mestere;
the door (of) mine Here lives the master over all masters

men enda sier jeg bent ut: en lærer så lenge en
but again say I straight out one learns so long one

lever," og dermed gikk han fram til gården og åt
lives and there-with went he forth to the house and ate

middag.
(warm) lunch

Da han vel var kommet tilbake til smia
When he well was come back to the smithery

igjen, kom der en mann ridende, som ville ha
again came there a man riding who wanted to have

skodd   hesten   sin.
shoed   the horse   (of) his

"Det   skal   snart   være   gjort,"   sa   smeden;   "jeg   har
That   shall   soon   be   done   said   the smith   I   have

nettopp   nå   lært   en   ny   måte   å   sko   på;   den   er
right-up   now learned   a   new   way   to   shoe   on   that   is
(just)

god   å   bruke   når   dagene   er   korte."   Og   så
good   to   use   when   the days   are   short   And   so

gav   han   seg   til   å   skjære   og   bryte   så   lenge   til
gave   he   himself   for   to   saw   and   break   so   long   until
started he

han   fikk   av   alle   hestebenene;   "for   jeg   vet   ikke
he   got   off   all   the horse legs   for   I   know   not

hva   det   skal   være   til   å   gå   og   pusle   med   ett   og
what   it   shall   be   for   to   go   and   puzzle   with   one   and

ett,"   sa   han.   Benene   la   han   i   smieavlen,   slik
one   said   he   The legs   lay   he   in   the smith's fireplace   just

som   han   hadde   sett   Vårherre   gjorde,   la
as   he   had   seen   Our-lord   do   lay

dyktig   **med**   **kull**   **på,**   **og**   **lot**
competently   with   coal   on (the fire)   and   let
(here: not-thriftily)

smedguttene   **dra**   **raskt**   **i**   **belgstangen.**   **Men**   **så**
the smith's boy   pull   fast   in   the bellow handle   But   so

gikk   **det**   **som**   **en**   **kunne**   **vente:**   **benene**   **brente**   **opp,**
went   it   as   one   could   await   the legs   burned   up
                                   (expect)

og   **smeden**   **måtte**   **betale**   **hesten.**   **Dette**   **syntes**   **han**
and   the smith   must   pay (for)   the horse   That   thought   he

ikke   **videre**   **om.**   **Men**   **i**   **det**   **samme**   **kom**   **en**
not   further   about   But   in   that   same   came   an

gammel   **fattigkjerring**   **gående**   **forbi,**   **og**   **så**   **tenkte**
old   poor-woman   going   past   and   so   thought

han: **lykkes**   **ikke**   **det**   **ene,**   **så**   **lykkes**   **vel**   **det**   **andre,**
he   succeeds   not   the   one   so   succeeds   well   that   other

tok   **kjerringa**   **og**   **la**   **henne**   **i**   **avlen,**   **og**   **alt**
took   the old womand   and   lay   her   in   the fireplace   and   all

hun   **gråt**   **og**   **bad**   **for**   **livet,**   **så**   **hjalp**   **det**   **ikke;**   **"du**
she   cried   and   begged   for   the life   so   helped   that   not   you

skjønner ikke ditt eget beste, så gammal du er,"
understand not your own best so old you are

sa smeden; "nå skal du bli en ung jomfru
said the smith now shall you become a young maiden

igjen på et øyeblikk, og enda skal jeg ikke ta så
again on an eye-glance and even shall I not take so
(in) (moment)

mye som en skilling for smiinga." Det gikk da
much as a shilling for the forging That went then

ikke bedre med kjerringa, stakkar, enn med
not better with the woman miserable than with

hestebenene.
the horse's legs

"Det var ille gjort det," sa Vårherre.
That was bad done that said Our-lord

"Å, det er vel ikke mange som spør etter henne,"
Oh that is well not many who search after her

svarte smeden. "Men det er skam av fanden:
answered the smith But that is (a) shame of the devil

det er ikke mer enn så han holder det som står
it is not more than so he holds it as stands
(promised)

skrevet over døra."
written over the door

"I fall du nå kunne få tre ønsker av meg," sa
In case you now could get three wishes of me said

Vårherre, "hva ville du så ønske deg?"
Our-lord what want you so wish (for) yourself

"Prøv meg," svarte smeden, "så tør du få vite
Try me answered the smith so dare you get to know
(may)

det."
it

Vårherre gav han da de tre ønskene.
Our-lord gave him then the three -the- wishes

"Så vil jeg først og fremst ønske at den
Then want I first and most before wish that the (one)
(before all)

jeg ber klyve opp i det pæretreet som står
I ask the climb up in that -the- pear-tree which stands

her ute ved smieveggen, må bli sittende der til
here out by the smith's wall must stay sitting there until

jeg selv ber han komme ned igjen," sa smeden;
I self ask him to come down again said the smith

"for det andre vil jeg ønske at den jeg ber
for that other want I wish that the (one) I ask
the next

sette sig i armstolen som står der inne i
to put himself in the arm-chair which stands there inside in

verkstedet, må bli sittende i den til jeg selv
the work-place must stay sitting in it until I self
(the workshop)

ber han stå opp igjen; og endelig vil jeg
ask him (to) stand up again and finally want I

ønske at den jeg ber krype inn i denne
wish that the (one) I ask the crawl inside in that

ståltrådpungen jeg har i lommen, må bli
-the- steel-thread-purse I have in the pocket must stay

der inne til jeg selv gir han lov til å
there inside until I self give him permission for to

krype ut igjen."
crawl out again

"Du ønsket som en dårlig mann," sa St. Peder;
You wish like a bad man said St. Peter

"først og fremst burde du ha ønsket deg
first and most before should you have wished yourself
(before all)

Guds nåde og vennskap."
God's mercy and friendship

"Jeg torde ikke ta så høyt til, jeg," sa smeden.
I dared not take so high to I said the smith

Så sa Vårherre og St. Peder farvel, og gikk
So said Our-lord and St. Peter farewell and went

videre.
further

Det led med det skred, og da tiden var omme,
That lead with the strides and when the time was around
(up)

kom fanden, slik som det sto i kontrakten, og
came the devil just as it stood in the contract and

skulle hente smeden.
should fetch the smith

"Er du ferdig nå?" sa han, han stakk nesen inn
Are you ready now said he (as) he stuck the nose inside

igjennom smiedøren.
in through the smith's door

"Å, jeg skulle så nødvendig ha slått hode på
Oh I should then necessarily have struck the head on

denne spikeren først," svarte smeden; "kryp du
that -the- nail first answered the smith crawl you

imens opp i pæretreet og plukk deg en
in (the) meanwhile up in the pear tree and pick yourself a

pære å gnage på; du kan være både tørst og
pear to gnaw on you can be both thirsty and

sulten efter veien."
hungry after the way

Fanden takket for godt tilbud og krøp opp i
The devil thanked for (the) good offer and crawled up in

treet.
the tree

"Ja, når jeg nå tenker vel efter," sa smeden, "så
Yes when I now think well after said the smith so
(about it)

får jeg slett ikke slått hode på denne
get I absolutely not struck the head on that

spikeren i de første fire årene, for det er
-the- nail in the first four -the- years for that is

pokker til jern så hardt; ned kan du ikke komme
heck to iron so hard down can you not come

i den tiden, men du får sitte og hvile deg
in that -the- time but you get to sit and rest yourself

så lenge."
so long

Fanden tagg og bad så tynt som en toskilling
The devil begged and prayed so thin as a twoshilling

at han måtte få lov til å komme ned igjen,
that he must get permission for to come down again

men det hjalp ikke. Til sist måtte han da love
but it helped not At last must he then promise

at han ikke skulle komme igjen før de fire
that he not should come again before the four

årene var gått, som smeden hadde sagt.
-the- years were gone as the smith had said

"Ja, så kan du komme ned igjen," sa smeden.
Yes then can you come down again said the smith

Da nå tiden var ute, kom fanden igjen for å
When now the time was out came the devil again for to

hente smeden. "Nå er du vel ferdig?" sa han; "nå
fetch the smith Now are you well ready said he now

synes jeg du kunne ha slått hode på spikeren."
think I you could have struck the head on the nail

"Ja, hode har jeg nok fått på den," svarte
Yes head has I enough got on it answered

smeden; "men likevel kom du et lite grand for
the smith but nonetheless came you a little grain too

tidlig, for odden har jeg ikke kvest ennå; så
early for the awl have I not sharpened still so

hardt jern har jeg aldri smidd før. Mens jeg slår
hard iron have I never forged before While I strike

odd på sømmet, kunne du sette deg i
(the) awl on the spike can you set yourself in

armstolen min og hvile deg, for du er vel
the arm-chair (of) mine and rest yourself for you are well

trett, kan jeg tenke."
tired can I think

"Takk som byr," sa fanden og satte seg i
Thank as offer said the devil and sat himself in
(for the)

armstolen; men aldri før var han kommet til
the arm-chair but never before was he come to

hvile, så sa smeden igjen, at når han tenkte vel
rest so said the smith again that when he thought well

efter, så kunne han slett ikke få kvest
after so could he absolutely not get sharpened
(about it)

odden før om fire år. Fanden bad først vakkert
the awl / before / in / four / years / The devil / bade / first / beautiful

om å slippe av stolen, og siden ble han sint
for / to / slip / of / the chair / and / after / became / he / angry
　　(get out)

og tok til å true; men smeden unnskyldte seg
and / took / for / to / threaten / but / the smith / excused / himself

det beste han kunne, og sa at det var jernet
the / best / he / could / and / said / that / it / was / the iron

som var skyld i det, for det var så pokkers hardt,
which / was / guilty / in / that / for / it / was / so / damned / hard

og trøstet fanden med at han satt så godt og
and / consoled / the devil / with / that / he / sat / so / good / and

makelig i armstolen, og om fire år skulle han
comfortably / in / the arm-chair / and / in / four / years / should / he

slippe, akkurat på minuttet. Det var ingen annen
get out / precisely / on / the minute / That / was / no / other
　　　　　　　　　　　(There)

råd: fanden måtte love at han ikke skulle
way / the devil / must / promise / that / he / not / should

hente smeden før de fire årene var omme; og
come take the smith before the four years were over and

så sa smeden: "Ja, så kan du reise deg igjen,"
so said the smith Yes so can you travel yourself again

og fanden avsted det forteste han kunne.
and the devil went away the fastest he could

Om fire år kom fanden igjen for å hente
In four years came the devil again for to take away

smeden.
the smith

"Nå er du da ferdig, vet jeg?" sa fanden, han
Now are you then ready know I said the devil he

stakk nesen inn gjennom smiedøren.
stuck the nose inside through the smith's doors

"Fiks og ferdig," svarte smeden, "nå kan vi reise
Neat and ready answered the smith now can we travel

når du vil. Men — du," sa han, "det er én ting
when you want But you said he that is one thing
(there)

jeg har stått her lenge og tenkt jeg ville spørre
I have stood here long and thought I wanted to ask

deg om: er det sant, det de forteller, at fanden
you about is it true that they tell that the devil
(what)

kan gjøre seg så liten han vil?"
can make himself so small he wants

"Jagu visst er det sant!" svarte fanden.
Yes sure is that true answered the devil

"Å, så kunne du gjerne gjøre meg den tjenesten
Oh so could you gladly do me this -the- service

å krype inn i denne ståltrådpungen og
to crawl inside in that -the- steel-thread-purse and

se efter om den er hel i bunnen," sa smeden;
see after if it is whole in the bottom said the smith
check

"jeg er så redd jeg skal miste reisepengene
I am so afraid I shall lose the traveling money

mine."
(of) mine

"Gjerne det," sa fanden, han gjorde seg liten
Glad (to do) that said the devil he made himself small

og krøp inn i pungen. Men aldri før var
and crept inside in the purse But never before was

fanden inni, så smekket smeden pungen igjen.
the devil inside so snapped the smith the purse again
(closed)

"Jo, den er hel og tett allesteds," sa fanden i
Yo this is whole and tight all-places said the devil in
(everywhere)

pungen.
the purse

"Ja, det er bra nok du sier det," svarte
Yes that is good enough you say that answered

smeden, "men det er bedre å være føre var enn
the smith but that is better to be early aware than

etter snar; jeg vil like så godt sveise leddene
after fast I want same so good weld the joints

litt til, bare for sikkerhets skyld," sa han, og
(a) little more only for sureness sake said he and

dermed la han pungen i avlen og gjorde
there-with lay he the purse in the fireplace and made

den gloende.
it glowing

"Å! au! er du galen! vet du ikke jeg er inni
Ah ouch are you mad know you not I am inside in

pungen da?" ropte fanden.
the purse then shouted the devil

"Ja, jeg kan ikke hjelpe deg," sa smeden; "de sier
Yes I can not help you said the smith they say

for et gammelt ord: en får smi mens jernet er
for an old word one must forge while the iron is
(as) (proverb)

varmt," — og så tok han storslegga, la pungen
hot and so took he the large hammer lay the purse

på steet, og dundret løs på den alt han orket.
on the anvil and thundered loose on it all he managed

"Au, au, au!" skrek fanden i pungen; "kjære
Ouch ouch ouch screamed the devil in the purse dear

vene! La meg bare slippe ut, så skal jeg aldri
friend Let me just slip out so shall I never
(get)

komme igjen mer!"
come again (any)more

"Å ja, nå tror jeg nok leddene er tålelig
Ah yes now believe I enough the joints are tolerably

sveiset også," sa smeden; "så kan du komme ut
welded also said the smith so can you come out

igjen da." Dermed lukket han opp pungen, og
again then There-with locked he up the purse and
(opened)

fanden avsted så fort at han ikke torde se
the devil set off so fast that he not dared to see

seg tilbake en engang.
himself back one time

Men en tid efter falt det smeden inn at han
But a time after fell it the smith in that he

nok hadde stelt seg dumt, da han gjorde
enough had put up himself dumb when he made
(surely) (behaved)

seg   uvenner   med   fanden; "for   skulle jeg   nå   ikke
himself un-friends with the devil for   should   I   now   not
         (enemies)

komme   inn   i   gudsrike,"   tenkte han, "torde det
come   inside in   god's kingdom thought he   dared   it
                                                 (might)

være   fare   for   at   jeg kan   bli   husvill, siden jeg
be   danger for   that I   can   become homeless since   I

har   lagt   meg   ut   med   han   som   rår   over   helvete."
have laid   myself out with him   who   rules over   hell

Han   mente   da   det   var   best   å   forsøke   å   komme
He   thought then   it   was   best   to   try   to   come

inn   enten   i   helvete   eller   i   himmerike,   likeså
inside either   in   hell   or   in   heaven   similarly

godt   først   som   sist,   så   han   kunne   vite
good   (the) first as   (the) last so   he   could   know

hvordan han hadde det, og   så   tok   han   slegga
how   he   had   it   and so   took he   the hammer

på   nakken   og   gav   seg   på   veien.
on   the neck   and   gave   himself on   the road
                      (set off)

Da han nå hadde gått et godt stykke, kom han
When he now had gone a good piece came he
(stretch)

til korsveien, der veien til himmerike deler seg
to the crossway where the road to heaven parts itself

fra den som går til helvete; der nådde han
from that which goes to hell there approached him

igjen en skreddersvenn, som tøflet avsted med
in turn a tailor-handworker who shuffled from-place with
(forth)

persejernet i hånden.
the press-iron in the hand

"God dag," sa smeden, "hvor skal du hen?"
Good day said the smith where shall you towards

"Til himmerike, om jeg kunne komme inn der,"
To heaven if I could come inside there

svarte skredderen; "enn du?"
answered the tailor-handworker and you
(what about)

"A, vi får nok ikke langt følge, vi da," svarte
Ah we may enough not far follow we then answered
(surely)

smeden; "jeg har nå tenkt å prøve i helvete
the smith I have now thought to try in hell

først, jeg, for jeg har litt kjennskap til fanden
first I for I have (a) little know-ship to the devil
(familiarity)

fra før."
from before

Så sa de farvel og gikk hver sin vei; men
So said they farewell and went each their way but

smeden var en sterk, røslig kar, og gikk langt
the smith was a strong burly man and went far

fortere enn skredderen, og så varte det ikke
faster than the tailor-handworker and so lasted it not

lenge før han sto for porten i helvete. Han
long before he stood before the gate in hell He

lot vakten melde seg og si at det var én
let the guard report him and said that it was one

utenfor som gjerne ville tale et ord med
out before who gladly wanted to talk a word with

fanden.
the devil

"Gå ut og spør hva det er for én," sa fanden til
Go out and ask what it is for one said the devil to

vakten, og det gjorde han.
the guard and that did he

"Hils fanden og si at det er smeden som hadde
Greet the devil and say that it is the smith who had

den pungen han vet nok," svarte mannen, "og
that -the- purse he knows enough answered the man and

be han så vakkert at jeg får slippe inn
ask him so beautiful that I may slip inside
                                    (get)

straks, for først har jeg smidd i dag like til
immediately for first have I forged in day just until
                                          today

middag, og siden har jeg gått den lange veien."
lunch and since have I gone this long -the- way

Da fanden fikk den meldingen, befalte han
When the devil got this -the- message ordered he

vakten å låse igjen alle ni låsene på porten i
the guard to lock again all new -the- locks on the gates in

helvete, "og sett enda på en hengelås til," sa
hell and set even on a padlock to said
(extra)

fanden; "for kommer han inn, gjør han ugreie
the devil for comes he inside makes he un-control
(chaos)

i hele helvete."
in whole hell
(all of)

"Det er ingen berging å få her da," sa smeden
That is no salvage to get here then said the smith
(There) (safe haven)

ved seg selv, da han fornam at de stengte
by himself -self- when he heard that they locked

porten bedre til; "så får jeg vel prøve i
the gates better to so may I well try in

himmerike." Og dermed snudde han, og gikk
heaven And there-with turned he and went

tilbake til han nådde korsveien igjen; der tok
back until he approached the crossway again there took

han den veien skredderen hadde gått.
he that -the- way the tailor-handworker had gone

Da han nå var sint for den lange veien han
When he now was angry for the long -the- way he

hadde gått frem og tilbake til ingen nytte, skrevde
had gone forth and back for no use strode

han på alt han orket, og nådde porten til
he on all (that) he could and approached the gate to
(for)

himmerike med det samme St. Peder
heaven with that same St. Peter
in the same moment that

gløttet litt på den, så vidt at den tynne
peeped little on it so wide that the thin
opened it slightly

skreddersvennen kunne få klemt seg inn.
tailor-handworker could get squeezed himself inside

Smeden var enda en seks syv steg fra porten.
The smith was only a six seven steps from the gate

"Her er det nok best å skynde sig," tenkte
Here is it enough best to hurry oneself thought

han, grep slegga og kastet i dørgløtten
he gripped the hammer and threw (it) in the door slit

med det samme skredderen smatt inn. Men
with that same the tailor-handworker slipped inside But
at the same moment that

slapp han ikke inn av den gløtten, vet jeg ikke
let he not inside of that -the- slit know I not

hvor han er blitt av.
where he is become of

Risen som ikke hadde noe hjerte på seg

————

Risen	som	ikke	hadde	noe	hjerte	på	seg
The Giant	who	not	had	any	heart	on	himself

Det	var	en	gang	en	konge	som	hadde	syv
That	was	a	time	a	king	who	had	seven
(There)								

sønner,	og	dem	holdt	han	så	meget	av,	at	han
sons	and	them	held	he	so	much	of	that	he

aldri	kunne	unnvære	dem	alle	på	én	gang:	én
never	could	do without	them	all	at	one	time	one

måtte	støtt	være	hos	han.	Da	de	var
must	continuously	be	with	him	When	they	were

voksne,	skulle	de	seks	ut	og	fri;	men	den
grown up	should	the	six	(go) out	and	(be) free	but	the

yngste	ville	faren	ha	igjen	hjemme,	og	til
youngest	wanted	the father	have	again	at home	and	to

han	skulle	de	andre	ta	med	seg	en	prinsesse
him	should	the	others	take	with	themselves	a	princess

til	kongsgården.	Kongen	gav	da	de	seks	de
to	the king's court	The king	gave	then	the	six	the

gildeste	klær	noen	hadde	sett,	så	det	lyste	lang
grandest	clothes	anyone	had	seen	so	it	shone	(a) long

vei	av	dem,	og	hver	sin	hest,	som	kostet
way	from	them	and	each	his	horse	which	costed

mange,	mange	hundre	daler,	og	så	reiste	de.	Da
many	many	hundred	coins	and	so	traveled	they	When

de	så	hadde	vært	på	mange	kongsgårder	og	sett
they	so	had	been	on	many	king's courts	and	looked

på	prinsessene,	kom	de	langt	om	lenge	til	en
at	the princesses	came	they	far	about	long finally	to	a

konge	som	hadde	seks	døtre;	så	vakre
king	who	had	six	daughters	so	beautiful

kongsdøtre	hadde	de	aldri	sett,	og	så	fridde	de
king's daughters	had	they	never	seen	and	so	courted	they

til	hver	sin,	og	da	de	hadde	fått	dem	til
to	each	his	and	when	they	had	gotten	them	for

kjærester,	reiste	de	hjemover	igjen;	men	de
lovers	traveled	they	home	again	but	they

glemte	rent	at	de	skulle	ha	med	seg	en
forgot	clean	that	they	should	have	with	themselves	a

prinsesse	til	Askeladden	som	var	igjen	hjemme,	så
princess	to	the Ash-boy (the youngest)	who	was	again	home	so

borte	var	de	i	kjærestene	sine.
away (lost)	were	they	in	the beloved	(of) them

Da	de	nå	hadde	reist	et	godt	stykke	på
when	they	now	had	traveled	a	good	piece (stretch)	on

hjemveien,	kom	de	tett	forbi	en	bratt	fjellvegg,
the home way	came	they	close	by	a	steep	mountain wall

der	risegården	var.	Der	kom	risen	ut	og	fikk
where	the giant's hall	was	There	came	the giant	out	and	got

se	dem,	og	så	skapte	han	dem	om	til	stein
to see	them	and	so	turned	he	them	-around-	to	stone

alle   sammen,   både   prinsene   og   prinsessene.
all   together   both   the princes   and   the princesses

Kongen   ventet   og   ventet   på   de   seks   sønnene
The king   waited   and   waited   at   the   six   sons
                                      (for)

sine,   men   alt   han   ventet,   så   kom   det   ingen.   Han
(of) his   but   all   he   waited   so   came   it   none   He
                                                            (there)

gikk   og   sørget   og   gråt,   og   sa   han   aldri   kunne
went   and   mourned   and   cried   and   said   he   never   could

bli   riktig   glad   mere;   "hadde   jeg   ikke   deg
become   truly   happy   (any)more   had   I   not   you

igjen,"   sa   han   til   Askeladden,   "ville   jeg   ikke   leve,
again   said   he   to   the Ash-boy   wanted   I   not   live
                        (the youngest son)

så   sorgfull   er   jeg   for   det   jeg   har   mistet   brødrene
so   sorrowful   am   I   for   that   I   have   lost   the brothers

dine."
(of) yours

"Men   nå   hadde   jeg   tenkt   å   be   om   lov   til
But   now   had   I   thought   to   ask   for   permission   for

å reise ut og finne dem igjen, jeg," sa
to travel out and find them again I said

Askeladden.
the Ash-boy
(the youngest)

"Nei, det får du ikke lov til," sa faren, "du
No that get you not permission for said the father you

blir bare borte, du også."
become just lost you also

Men Askeladden ville og skulle av sted, og han
But the Ash-boy wanted and should of place and he
(the youngest son) go away

tagg og bad så lenge til kongen måtte la han
begged and prayed so long until the king must let him

reise. Nå hadde kongen ikke annet enn en
travel Now had the king not (anything) else than an

gammel fille hest å la han få, for de seks
old miserable horse to let him get for the six
(archaic)

andre kongssønnene og følget deres hadde
other king's sons and the escort of theirs had

fått   alle   de   andre   hestene   han   hadde;   men   det
gotten all   the   other   -the- horses he   had   but   that

brydde   ikke   Askeladden   seg   om;   han   satte
cared   not   the Ash-boy   himself about he   set
                (the youngest son)

seg   opp   på   den   gamle   skabbete   hesten,   han.
himself   up   on   the   old   scabby   -the- horse   he

"Farvel,   far!"   sa   han   til   kongen;   "jeg   skal   nok
Farewell   father   said   he   to   the king   I   shall   enough
                                                                  (surely)

komme   igjen,   og   kanskje   jeg   skal   ha   med   meg
come   again   and   maybe   I   shall have   along   me

brødrene   mine   også,"   og   dermed   reiste   han.
the brothers (of) mine also   and   there-with   traveled he
                                        (with that) (went off)

Da   han   hadde   ridd   et   stykke,   kom   han   til   en
When   he   had   ridden   a   piece   came   he   to   a
                                     (stretch)

        korp   som   lå   i   veien   og   flakset   med   vingene
        raven   which   lay   in the way   and   fluttered   with   the wings
(archaic: ravn)

og   ikke   orket   å   komme   unna,   så   sulten   var   den.
and   not   managed   to   come   away   so   starved   was   it

"Å kjære vene! gi meg litt mat, så skal jeg
Oh dear friend give me (a) little food then shall I

hjelpe deg i din ytterste nød," sa korpen.
help you in your utmost need said the raven

"Ikke mye mat har jeg, og ikke ser du ut til å
Not much food have I and not see you out for to

kunne hjelpe meg stort heller," sa kongssønnen;
be able to help me much either said the king's son

"men litt får jeg vel gi deg, for du kan nok
but little may I well give you for you can enough
(surely)

trenge til det, ser jeg," og så gav han korpen noe
need for that see I and so gave he the raven some

av nisten han hadde fått med seg.
of the snacks he had gotten with himself

Da han så hadde reist et stykke igjen, kom han
When he so had traveled a piece again came he
(stretch)

til en bekk; der lå en stor laks som hadde
to a stream there lay a large salmon who had

kommet på tørt land, og slo og spratt og
come on dry land and struck and jumped and

kunne ikke komme ut i vannet igjen.
could not come out in the water again

"Å, kjære vene! hjelp meg ut i vannet igjen," sa
Oh dear friend help me out in the water again said

laksen til kongssønnen; "jeg skal hjelpe deg i
the salmon to the king's son I shall help you in

din ytterste nød, jeg".
your utmost need I

"Hjelpen du gir meg, blir vel ikke stor," sa
Help you give me becomes surely not large said

kongssønnen; "men det er synd du skal ligge her
the king's son but that is (a) sin you shall lie here

og svelte i hjel," og så skjøv han fisken
and hunger in death and so shoved he the fish
(to)

uti igjen.
out in again
(into the water)

Nå reiste han et langt, langt stykke, og så
Now traveled he a long long piece and then
(stretch)

møtte han en skrubb; den var så sulten at
met he a wolf that (one) was so hungry that
(archaic: ulv)

den lå og drog seg i veien.
it lay and dragged itself in the road
(on)

"Kjære vene! la meg få hesten din," sa
Dear friend let me get the horse (of) yours said

skrubben; "jeg er så sulten at det piper i
the wolf I am so hungry that it pipes in

tarmene på meg; jeg har ikke fått et mål mat
the intestines on me I have not gotten a meal food
(of)

på to år."
on two years
(for)

"Nei," sa Askeladden, "det kan jeg ikke gjøre;
No said the Ash-boy that can I not do
(the youngest son)

først kom jeg til en korp, han måtte jeg gi
first came I to a raven him must I give

nisten   min;   så   kom jeg til en   laks,   han måtte
the snack   mine   then   come   I   to   a   salmon   him   must

jeg hjelpe ut   i   vannet igjen; og   nå vil du   ha
 I   help   out   in the water   again   and   now   will you   have

hesten   min.   Det er ikke råd, for så har jeg ikke
the horse (of) mine   That   is   not   wise   for   so   have   I   not

  noe   å   ri   på."
anything   to   ride   on

"Jo kjære, du må hjelpe meg,"   sa   gråbeinen; "du
Yes   dear   you   may   help   me   said   the gray-leg   you

kan ri på meg, jeg skal hjelpe deg igjen i   din
can   ride   on   me   I   shall   help   you   again   in   your

ytterste nød," sa   den.
 utmost   need   said   it

"Ja, den hjelpen jeg får av deg,   blir   vel   ikke
Yes   that   -the- help   I   get   of   you   becomes   surely   not

stor; men du får vel ta hesten da, siden du er
 big   but   you   may   well   take   the horse   then   since   you   are

så nødig," sa kongssønnen.
so needy said the king's son

Da nå skrubben hadde ett opp hesten, tok
When now the wolf had eaten up the horse took

Askeladden bisselet og bandt i kjeften på den,
the Ash-boy the bridle and bound in the snout on it
(the youngest son)

og salen og la på ryggen av den, og nå var
and the saddle and lay (it) on the back of it and now was
(had)

skrubben blitt så sterk av det den hadde fått
the wolf become so strong of that it had gotten
(what)

i seg, at den satte avsted med kongssønnen
into himself that it set of-place with the king's son
(off)

som ingenting; så fort hadde han aldri ridd før.
like nothing so fast had he never ridden before

"Når vi nå har reist et lite stykke til, skal jeg
When we now have traveled a little piece to shall I
stretch

syne deg risegården," sa gråbeinen, og om
show you the giant's hall said the gray-leg and about
(in)

litt   kom   de   der. "Se her   er   risegården," sa
little (time) came they there See here is   the giant's hall said

den; "der ser du   alle seks brødrene   dine, som
it   there see you all   six   -the- brothers (of) yours who

risen   har gjort til   stein, og   der   ser   du   de
the giant has made   (in)to stone and there see   you the

seks brudene   deres; der   borte er   døren   til
six   -the- brides there   there away   is   the door to

trollet, der   skal du   gå inn."
the troll there shall you go inside

"Nei, det   tør   jeg ikke," sa   kongssønnen, "han tar
No   that dare I   not   said the king's son   he   takes

livet av meg."
the life of me

"Å nei," svarte   skrubben; "når du   kommer inn
Oh no   answered the wolf   when you come   inside

der, treffer du   en kongsdatter; hun sier deg
there meet   you a   king's daughter she says you
                                               (will tell)

nok   hvordan du skal bære deg at, så du kan
enough   how   you shall bear yourself out so you can
(surely)   what you will have to do

få gjort ende på risen. Bare gjør som hun sier
get done (the) end on the giant Only do as she tells
        finish off

deg, du!"
you you

Ja, Askeladden gikk da inn, men redd var han.
Yes the Ash-boy went then inside but afraid was he
    (the youngest son)

Da han kom inn, var risen borte; men i det
When he came inside was the giant away but in the

ene kammeret satt kongsdatteren, slik som
one room sat the king's daugther just as

skrubben hadde sagt, og så vakker en jomfru
the wolf had said and so beautiful a maiden

hadde Askeladden aldri sett før.
had the Ash-boy never seen before
    (the youngest son)

"Å, Gud hjelpe deg, hvordan er du kommet her
Oh God help you how are you come here
                (have)

da?" sa kongsdatteren da hun fikk se han;
then said the king's daughter when she got to see him

"det blir din visse død det; den risen som
that becomes your sure death that that -the- giant who

bor her, kan ingen få gjort ende på, for han
lives here can no one get done end on for he
finish off

bærer ikke hjertet på seg."
carries not the heart on himself
does not keep his heart in his body

"Ja, men er jeg kommet her, så får jeg
Yes but am I come here so may I

vel prøve han likevel jeg," sa Askeladden. "Og
well try him nonetheless I said the Ash-boy And
as well give it a try

brødrene mine, som står i stein her utenfor,
the brothers (of) mine who stand in stone here out before

vil jeg nok se til å frelse, og deg vil jeg
want I enough see for to free and you want I
(surely)

nok friste å berge også," sa han.
enough try to secure also said he
(surely)

"Ja, siden du endelig vil være, så får vi vel se
Yes since you finally want be so may we well see

å finne på en råd," sa kongsdatteren. "Nå skal
to find on a means said the king's daughter Now shall

du krype inn under sengen der, og så må du
you crawl inside under the bed there and so may you

lye vel efter hva jeg taler med han om. Men
listen well after what I talk with him about But

ligg endelig bra stille."
lie finally good quiet
(nice and)

Ja, han krøp da under sengen, og aldri før
Yes he crawled then under the bed and never before
just as

var han innunder, så kom risen.
was he inside-under so came the giant

"Hu! her lukter så kristen mannelukt inne!" sa
Hu here (it) smells like christian human-smell inside said

risen.
the giant

"Ja, her kom ei skjor flygende med et mannebein
Yes here comes a magpie flying with a human bone

og slapp ned igjennom pipa," sa prinsessen;
and slipped down through the pipe said the princess
  let it go (the chimney)

"jeg skyndte meg nok å få det ut, men lukten
I hurried myself enough to get it out but the smell

gikk vel ikke så snart bort likevel, den."
went well not so fast away nonetheless that

Ja, så sa risen ikke mer om det.
Yes so said the giant not (any)more about it

Da det nå ble kvelden, gikk de til sengs,
There it now became the evening went they to bed
(Since)

og da de hadde ligget en stund, sa
and when they had lain a while said

kongsdatteren: "Det var en ting jeg gjerne ville
the king's daughter It was a thing I gladly wanted
(There)

spørre deg om, når jeg bare torde."
to ask you about when I only dared

"Hva er det for en ting?" spurte risen.
What is that for a thing asked the giant

"Det var hvor du har skjult ditt hjerte, siden du
That was where you have hidden your heart since you

ikke har det på deg," sa kongsdatteren.
not have it on you said the king's daughter

"Å, det er noe du ikke trenger bry deg
Oh that is something you not need to worry yourself

med; men ellers så ligger det under dørhella,"
with but otherwise so lies it under the door-sill

sa risen.
said the giant

"Å hå!" der skal vi vel se å finne det," tenkte
Ah ha there shall we well see and find it thought

Askeladden, som under sengen lå.
the Ash-boy who under the bed lay

Neste morgen sto risen fælt tidlig opp og
Next the morning stood the giant bad early up and
The next morning (inhumanly)

strøk   til   skogs,   og   aldri   før   var   han   av   gårde,
stroked to the forest and never before was he off the hall
(rushed)

så   tok   Askeladden   og   kongsdatteren   på   å   lete
so took the Ash-boy and the king's daughter on to search

under   dørhella   efter   hjertet   hans;   men   alt   det
under the door-sill after the heart (of) his but all that
                     (for)

de   grov   og   lette,   så   fant   de   ikke   noe.   "Den
they digged and searched so found they not anything This

gangen   har   han   lurt   oss,"   sa   prinsessen,   men   vi
-the- time has he fooled us said the princess but we

får   vel   prøve   han   ennu   en   gang."   Så   sanket   hun
may well try him again a time So picked she

alle   de   vakreste   blomster   hun   kunne   finne,   og
all the most beautiful flowers she could find and

strødde   rundt   om   dørhella   —   den   hadde   de
strew round about the door-sill   that had they

lagt   slik   den   skulle   ligge;   og   da   det   led   mot
lied just (as) it should lay and when it lead towards

den   tiden   de   ventet   risen   hjem,   krøp
that   -the- time   they   awaited   the giant   home   crept
     (expected)

Askeladden   under   sengen   igjen.
the Ash-boy   under   the bed   again

Straks   han   var   vel   inn   under,   kom   risen.
Immediately   (as) he   was   well   inside   under   came   the giant

"Huttetu!   her   lukter   så   kristen   mannelukt   inne!"   sa
Huttetu   here   smells   as   christian   human smell   inside   said

risen.
the giant

"Ja,   her   kom   ei   skjor   flygende   med   et   mannebein
Yes   here   came   a   magpie   flying   with   a   human bone

i   nebbet   og   slapp   ned   igjennom   pipa,"   sa
in   the beak   and   slipped   down   through   the pipe   said
     (let it go)   (the chimney)

kongsdatteren;   "jeg   skyndte   meg   nok   å   få   det
the king's daughter   I   hurried   myself   enough   to   get   it

ut,   men   det   er   vel   det   det   lukter   av   likevel."   Så
out   but   it   is   well   that   it   smells   of   nonetheless   So

tidde risen still, og sa ikke mer om det.
tied the giant quiet and said not (any)more about it
shut the giant up

Men om litt spurte han hvem det var som
But in (a) little (while) asked he who it were who

hadde strødd blomster omkring dørhella.
had strewn flowers around the door-sill

"Å, det er nok jeg," sa kongsdatteren.
Oh that am enough I said the king's daughter
(surely)

"Hva skal nå det til da?" spurte risen.
What shall now that to then asked the giant
(be for)

"Å jeg har deg vel så kjær at jeg må gjøre det,
Oh I have you well so dear that I may do that

når jeg vet at hjertet ditt ligger der," sa
when I know that the heart (of) yours lies there said

prinsessen.
the princess

"Ja så; men ellers ligger det ikke der, du," sa
Yes so but otherwise lies it not there you said
(in any case)

risen.
the giant

Da de hadde lagt seg om kvelden, spurte
When they had lain themselves in the evening asked

kongsdatteren igjen hvor hjertet hans var, for
the king's daughter again where the heart (of) his was for

hun holdt så meget av han at hun nok gjerne
she held so much of him that she enough gladly
       she loved him so much   (surely)

ville vite det, sa hun.
wanted to know that said she

"Å, det ligger borti skapet der på veggen," sa
Oh that lies beyond the closet there on the wall said
          (behind)

risen.
the giant

"Ja så," tenkte Askeladden og kongsdatteren, "da
Yes so thought the Ash-boy and the king's daughter then

skal vi vel prøve å finne det."
shall we well try to find it

Neste morgen var risen tidlig på ferde og
Next the morning was the giant early on (the) road and
The next morning

strøk til skogs igjen, og aldri så snart hadde
stroked to the forest again and never so soon had
(rushed)

han gått, før Askeladden og kongsdatteren var
he went before the Ash-boy and the king's daughter were

i skapet og lette efter hjertet hans; men alt
in the closet and searched after the heart (of) his but all
(for)

de lette, så fant de ikke noe der heller. "Ja
they found so found they not anything there either Yes

ja, vi får da friste én gang til," sa
yes we may then try one time to said
(more)

kongsdatteren. Hun pynta ut skapet igjen med
the king's daughter She decorated out the closet again with

blomster og kranser, og da det led mot
the flowers and wreaths and when it lead towards

kvelden, krøp Askeladden under sengen igjen.
the evening crept the Ash-boy under the bed again

Så   kom   risen.   "Huttetu!   her   lukter   så   kristen
Then came   the giant Huttetu   here   smells (it) like christian

mannelukt!"   sa   risen.
human-smell   said the giant

"Ja, for   litt   siden kom   her   ei   skjor   flygende med
Yes   for   little since came here a   magpie   flying   with
            a little while ago

et   mannebein   i   nebbet   og   slapp   ned   igjennom
a   human bone   in   the beak and   slipped   down   through
                                        (dropped it)

    pipa,"   sa   kongsdatteren;   "jeg   skyndte   meg
    the pipe   said   the king's daughter   I   hurried   myself
(the chimney)

    nok   å   få   det   ut   igjen jeg, men   det   er   vel   det
    enough to   get   it   out   again I   but   that is   well that
(surely)

det lukter   av   likevel."
it   smells   of   likewise

Da   risen   hørte   det,   sa   han   ikke   mer   om
When   the giant heard   that   said he   not   (any)more about

det;   men   litt   efter   fikk   han   se   at   det var
it   but   (a) little after   got   he   see   that it   was
                                                          there were

hengt blomster og kranser rundt hele skapet, og
hung flowers and wreaths around whole the closet and
the whole closet

så spurte han hvem det var som hadde gjort det.
so asked he who it was that had done that

Jo, det var da kongsdatteren.
Yes that was then the king's daughter

"Hva skal nå det narreriet være til?" spurte risen.
What shall now that foolery be to asked the giant

"Å, jeg har deg nå alltid så kjær at jeg må gjøre
Oh I have you now always so dear and I may do

det, når jeg vet at hjertet ditt ligger der,"
that when I know that the heart (of) yours lies there

sa kongsdatteren.
said the king's daughter

"Kan du være så galen å tro slikt?" sa risen.
Can you be so crazy to believe such said the giant

"Ja jeg må vel tro det, når du sier meg det,"
Yes I may well believe that when you tell me that

sa   kongsdatteren.
said   the king's daughter

"Å, du er ei   tulle,"   sa   risen; "der hjertet
Oh you are a   little foolish girl said the giant there the heart
                                                        (where)

 mitt   er, der kommer du aldri!"
(of) mine is there   come   you never

"Men det var da   rart   å vite hvor det er
But   it   was then wonderful to know where it is

henne likevel," sa prinsessen.
 she   anyway   said   the princess

Ja, så kunne risen ikke bare seg   lenger, han
Yes so could the giant not bear himself (any) longer he

måtte si det. "Langt, langt borte i et vann ligger
must   tell it   Far   far   away   in a water lies

en ø," sa han; "på den   øen   står en kirke;
an island said he   on that -the- island stands a church

i den   kirken   er en brønn; i den brønnen
in that -the- church is a   well   in that -the- well

svømmer en and; i den anda er et egg, og i
swims a duck in that -the- duck is an egg and in

det egget — der er hjertet mitt, du."
that -the- egg there is the heart (of) mine you

Om morgenen tidlig, det var ikke grålyst enda,
In the morning early that was not dawn yet

strøk risen til skogs igjen. "Ja, nå får jeg
stroke the giant to the forest again Yes now may I
(rushed)

avsted, jeg også," sa Askeladden; "bare jeg kunne
off-place I also said the Ash-boy (if) only I could
(go)

finne veien!" Han sa da farvel til kongsdatteren
find the way He said then farewell to the king's daughter

så lenge, og da han kom utenfor risegården,
(for) so long and when he came out before the giant's hall

sto skrubben der enda og ventet. Til han
stood the wolf there still and waited To him

fortalte han det som hadde hendt inne hos
told he that which had happened inside with

risen, og sa at nå ville han avsted til
the giant and said that now wanted he off-place to
(go)

brønnen i kirken, bare han visste veien. Så bad
the well in the church (if) only he knew the way So bade

skrubben han sette seg på ryggen hans, for han
the wolf him to set himself on the back (of) his for he

skulle nok finne veien, sa han, og så bar det i
should enough find the way said he and so bore that in
(surely)

vei så det suste om dem, over heier og åser,
way so it whizzed about them over heaths and hills

over berg og daler.
over mountains and valleys

Da de nå hadde reist mange, mange dager,
When they now had traveled many many days

kom de til slutt til vannet. Det visste
came they to end to the water That knew
at last

kongssønnen ikke hvordan han skulle komme over;
the king's son not how he should come over

men gråbeinen bad han bare han ikke skulle
but the gray-leg bade him only (that) he not should

være redd, og så la han uti med kongssønnen på
be afraid and so lay he out with the king's son on

ryggen og svømte over til øen. Så kom de til
the back and swam over to the island So came they to

kirken; men kirkenøkkelen hang høyt, høyt oppe
the church but the church key hung high high up

på tårnet, og først så visste kongssønnen ikke
on the tower and first so knew the king's son not

hvordan han skulle få den ned. "Du får rope på
how he should get it down You may call (up)on

korpen," sa gråbeinen, og det gjorde da
the raven said the gray-leg and that did then

kongssønnen; og straks kom korpen og fløi
the king's son and immediately came the raven and flew

efter nøkkelen, så prinsen kom inn i kirken.
after the key so the prince came inside in the church
(for)

Da han nå kom til brønnen, lå anda ganske
When he now came to the well lay the duck truly

riktig der og svømte frem og tilbake, slik som
really there and swam forth and back just as

risen hadde sagt. Han sto og lokket og lokket,
the giant had said He stood and lured and lured

og til sist fikk han lokket den bort til seg og
and at last got he lured it away to himself and

grep den. Men med det samme han løftet den
grabbed it But with that same he lifted it

opp av vannet, slapp anda egget ned i
up from the water slipped the duck the egg down in

brønnen, og så visste Askeladden slett ikke
the well and so knew the Ash-boy absolutely not

hvordan han skulle få det opp igjen. "Ja nå får
how he should get it up again Yes now may

du rope på laksen," sa gråbeinen; og det
you call (up)on the salmon said the gray-leg and that

gjorde da kongssønnen; så kom laksen og
did then the king's son so came the salmon and

hentet opp egget; og så sa skrubben at han
fetched up the egg and then said the wolf that he

skulle klemme på det, og med det samme
should clamp on it and with that same
(squeeze) right when

Askeladden klemte, skrek risen.
the Ash-boy clamped screamed the giant
(squeezed)

"Klem én gang til," sa skrubben, og da
Clamp one time to said the wolf and when
(Squeeze) (more)

Askeladden gjorde det, skrek risen enda
the Ash-boy did that screamed the giant even

ynkeligere, og bad både vakkert og vent for
more pitiful and begged both beautiful and nice for

seg; han skulle gjøre alt kongssønnen ville, sa
himself he should do all the king's son wanted said

han, bare han ikke ville klemme sund hjertet
he (if) only he not wanted clamp broke the heart
(would) (squeeze) (to pieces)

hans.
(of) his

"**Si at dersom han skaper om igjen de seks**
Say that there as he shapes around again the six
(turns)

brødrene dine som han har gjort til stein,
-the- brothers (of) yours who he has made (in)to stone

og brudene deres, skal han berge livet," sa
and the brides (of) theirs shall he save the life said

skrubben, og det gjorde Askeladden.
the wolf and that did the Ash-boy

Ja, det var trollet straks villig til; han skapte
Yes that was the troll immediately willing to he shaped
(turned)

om igjen de seks brødrene til kongssønner og
around again the six -the- brothers to king's sons and

brudene deres til kongsdøtre.
the briders (of) theirs to king's daughters

"**Klem nå sund egget," sa skrubben. Så klemte**
Clamp now broke the egg said the wolf So clamped
(Squeeze) (to pieces) (squeezed)

Askeladden egget i stykker, og så sprakk risen.
the Ash-boy the egg in pieces and then exploded the giant

Da han så var blitt av med risen, red
When he so was become off with the giant rode
had gotten rid of

Askeladden tilbake til risegården igjen på
the Ash-boy back to the giant's hall again on

skrubben; der sto alle seks brødrene hans lys
the wolf there stood all six the brothers (of) his light

levende med brudene sine, og så gikk
living with the briders (of) theirs and so went

Askeladden inn i berget efter sin brud, og så
the Ash-boy inside in the mountain after his bride and so

reiste de alle sammen hjem igjen til kongsgården.
traveled they all together home again to the king's hall

Da ble det vel glede på den gamle kongen,
Then became it well happiness on the old -the- king

da alle syv sønnene hans kom tilbake, hver
when all seven sons (of) his came back each

med   sin   brud.   "Men   den   deiligste   av   alle
with   his   bride   But   the   most beautiful   of   all

prinsessene   er   bruden   til   Askeladden   likevel,"   sa
the princesses   are   the bride   to   the Ash-boy   though   said

kongen,   "og   han   skal   sitte   øverst   ved   bordet   med
the king   and   he   shall   sit   at the top   at   the table   with

bruden   sin."
the bride   (of) his

Så   ble   det   turt   gjestebud   både   vel   og
So   became   that   celebrated   guest-invitation   both   well   and
(a feast)

lenge,   og   har   de   ikke   turt   fra   seg,   så
long   and   have   they   not   celebrated   from   themselves   so

turer   de   ennu.
celebrate   they   still

Enkesønnen

Enkesønnen
The Widow's Son

Det	var	en	gang	en	fattig,	fattig	enke,	som	bare
It (There)	was	one	time	a	poor	poor	widow	who	only

hadde	én	sønn.	Hun	trælet	med	gutten	til	han
had	one	son	She	slaved	with	the boy	until	he

hadde	gått	for	presten;	men	så	sa	hun	til
had	gone	before	-the- priest	but	then	said	she	to

han	at	nå	kunne	hun	ikke	mate	han	lenger;
him	that	now	could	she	not	feed	him	(any) longer

han	fikk	ut	og	tjene	for	sitt	brød.
he	got (had to go)	out	and	serve	for	his (own)	bread

Gutten	vandret	da	ut	i	verden,	og	da	han
The boy	wandered	then	out	in	the world	and	when	he

hadde gått en dags tid eller så, møtte han en
had   gone a day's time or so met he a

fremmed mann.
strange   man
stranger

"Hvor skal du hen?" spurte mannen.
Where shall you towards asked the man
              (go)

"Jeg skal ut i verden og prøve å få meg
I   shall out in the world and try to get myself

tjeneste," sa gutten.
service   said the boy
(a job)

"Vil du tjene hos meg?"
Will you serve with me

"Å ja, likeså gjerne hos deg som hos en annen,"
Ah yes just as glad with you as with an other

svarte gutten.
answered the boy

"Ja, du skal få det godt hos meg," sa mannen;
Yes you shall get it good with me said the man
              (have)

"du skal bare holde meg med selskap og ikke
you shall only keep me -to- company and not

gjøre noen ting ellers."
do any thing else

Så ble gutten med han, og levde vel med mat
So remained the boy with him and lived well with food

og drikke, og hadde lite eller ingenting å gjøre;
and drink and had little or nothing to do

men han så heller aldri et menneske hos mannen.
but he saw neither never a person with the man

En dag så sa mannen til han: "Nå reiser jeg bort
One day so said the man to him Now travel I away

i åtte dager; i den tiden får du være alene,
in eight days in that -the- time get you to be alone

men du må ikke gå inn i noen av disse fire
but you may not go inside in any of these four

kamrene her. Gjør du det, så tar jeg livet av deg
rooms here Do you that so take I the life of you

når jeg kommer igjen."
when I come again

Nei, sa gutten, det skulle han nok ikke.
No said the boy that should he surely not

Men da mannen hadde vært borte en tre fire
But when the man had been away a three four

dager, kunne ikke gutten bare seg, men gikk
days could not the boy hold himself but went

inn i det ene kammeret. Han
inside in that one -the- room He

så seg rundt om, men så ingenting uten
saw himself round about but saw nothing apart from
took a look around

en hylle over døren, og der lå en nypetornpisk.
a shelf over the door and there lay a rosehip-thorn-whip
dog rose whip

Dette var riktig noe å forby meg så strengt
That was truly something to forbed me so strictly
(sarcastic)

å se også, det, tenkte gutten.
to see also that thought the boy

Da   de   åtte   dagene   var   omme,   kom   mannen
When   the   eight   -the- days   were   over   came   the man

hjem   igjen.
home   again

"Du   har   vel   ikke   vært   inne   i   noen   av   kamrene?"
You   have   well   not   been   inside   in   some   of   the rooms

sa   han.
said   he

"Nei,   det   har   jeg   slett   ikke,"   sa   gutten.
No   that   have   I   simply   not   said   the boy

"Ja,   det   skal   jeg   snart   se,"   sa   mannen,   og   dermed
Yes   that   shall   I   soon   see   said   the man   and   there-with

gikk   han   inn   i   det   som   gutten   hadde   vært   i.
went   he   inside   in   that   which   the boy   had   been   in

"Jo,   du   har   vært   der   likevel,"   sa   han,   "og   nå   skal
Yes   you   have   been   there   though   said   he   and   now   shall

du   miste   livet."
you   lose   the life

Gutten gråt og bad for seg, og så slapp han
The boy cried and begged for himself and so escaped he

da med livet; men dyktig hugg fikk han. Da
then with the life but quite (a) beating got he When

det var overstått, var de like gode venner igjen.
that was over-stood were they just good friends again
(endured)

En tid efter reiste mannen bort på ny; da ville
A time after traveled the man away on new then wanted
again

han være borte i fjorten dager, men først sa han
he be away in fourteen days but first said he

til gutten at han ikke skulle sette sin fot i noen
to the boy that he not should set his feet in any

av de kamrene han ikke alt hadde vært i; for
of the rooms he not (at) all had been in for

der han hadde vært, kunne han gjerne gå. Ja, det
there he had been could he gladly go Yes that
(freely)

gikk like ens som forrige gangen, bare at
went same of one as (the) last -the- time only that
the same

gutten nå holdt seg fra å gå der inn i åtte
the boy now kept himself from to go there inside in eight

dager. I det kammeret så han heller ikke annet
days In that -the- room saw he either not else

enn en hylle over døren, med en kampestein og
than a shelf over the door with a large rock and

en vannkrukke på. Det var riktig noe å være
a water pitcher on (it) That was really something to be

så redd for også, tenkte gutten igjen.
so afraid of also thought the boy again

Da mannen kom hjem, spurte han om han hadde
When the man came home asked he if he had

vært i noen av kamrene. Nei, var det likt det;
been in any of the rooms No was that like that
of course not

der hadde gutten ikke vært.
there had the boy not been

"Ja, det skal jeg snart se," sa mannen, og da
Yes that shall I soon se said the man and when

han så han hadde vært der likevel, sa han:
he saw he had been there nonetheless said he

"Ja, nå sparer jeg dig ikke lenger, nå skal du
Yes now spare I you not longer now shall you
(anymore)

miste livet!"
lose the life

Men gutten gråt og bad for seg igjen, og så
But the boy cried and begged for himself again and so

slapp han med pryl den gangen og, men
escaped he with (a) thrashing that -the- time and but
(also)

det fikk han da også, så meget som
that got he then also so much as

kunne ligge på han. Men da han ble frisk
could lay on him But when he became healthy
he could bear

igjen, levde han likeså godt som før, og han og
again lived he similarly good as before and he and

mannen var like gode venner.
the man were (the) same good friends

En tid efter skulle mannen reise igjen, og nå
A time after should the man travel again and now

ville han være borte i tre uker, og så sa han
wanted he be gone in three weeks and so said he

til gutten, at gikk han inn i det tredje
to the boy that went he inside in the third

kammeret, var det ikke å tenke på liv mer.
-the- room was it not to think on life (any)more
of saving his life anymore

Da fjorten dager var gått, kunne ikke gutten
When fourteen days were gone could not the boy

bare seg lenger, han smatt inn; men han
bear himself (any) longer he slipped inside but he
(hold back)

så slett ikke noe der inne, uten en lem
saw simply not anything there inside apart from a trapdoor

i gulvet. Da han løftet på den og så ned
in the floor When he lifted -on- it and saw down

igjennom, sto det en stor kobberkjele og putret
in through stood there a large copper kettle and simmered

og kokte der nede; men han så ingen varme
and boiled there down but he saw no heat

under. Det var artig å kjenne om det var
under That was interesting to feel if that was

varmt, tenkte gutten, og stakk fingeren nedi; da
warm thought the boy and stuck the finger down in when

han tok den opp igjen, var den forgylt over det
he took it up again was it gilded over it

hele. Gutten skrapte og vasket den, men
all The boy scraped and washed it but

forgyllingen ville ikke gå av; så bandt han en fille
the gilding wanted not go off so bound he a rag

om, og da mannen kom hjem og spurte hva
around (it) and when the man came home and asked what

som feilte fingeren hans, sa gutten han hadde
that failed the finger his said the boy he had
(ailed)

skåret seg så stygt. Men mannen rev av filla,
cut himself so nastily But the man ripped off (the) rag

og da så han nok hva som feilte fingeren.
and then saw he surely what that ailed the finger

Først ville han drept gutten; men da han gråt
First wanted he kill the boy but when he cried

og bad igjen, banket han han bare så han lå til
and begged again beat he him only so he lay to (in)

sengs i tre dager. Da tok han et horn ned
bed in three days Then took he a horn down
(for)

av veggen og smurte han med, så ble gutten
from the wall and smeared him with (it) so became the boy

like frisk igjen.
same healthy again
(as before)

Om en stund reiste mannen bort for fjerde
In a while traveled the man away for (the) fourth

gang, og da skulle han ikke komme igjen før
time and then should he not come again before

om en måned. Men da sa han til gutten, at
about a month But then said he to the boy that

hvis	han	gikk	inn	i	det	fjerde	kammeret,	så
if	he	went	inside	in	the	fourth	-the- room	so

måtte	han	aldri	tenke	på	å	berge	livet.	En	to
must	he	never	think	on	to	save	the life	And	two

eller	tre	uker	holdt	gutten	seg,	men	så
or	three	weeks	held	the boy	himself (back)	but	then

kunne	han	ikke	bare	seg	igjen;	han	måtte	og
could	he	not	hold	himself	again (anymore)	he	must	and

skulle	inn	i	kammeret,	og	så	smatt	han	inn.
should	inside	in	the room	and	so	slipped	he	inside

Der	sto	en	stor	svart	hest	på	et	spiltau,	med
There	stood	a	large	black	horse	on	a	spread-rope (stall)	with

et	møkk-pose	ved	hodet	og	en	høysekk	ved
a	dung-bag	at	the head	and	a	hay-bag	at

halen.	Gutten	syntes	det	var	ulikt;	han	byttet
the tail	The boy	felt	that	was (had to be)	different	he	changed

om	og	satte	høysekken	ved	hodet.
around	and	set	the hay bag	at	the head

Så sa hesten: "Siden du har så godt hjertelag
Then said the horse Since you have so good heart-lay
                                          such a good heart

at du vil la meg få mat, skal jeg frelse deg,
that you want to let me get food shall I free you

jeg. Kommer trollet hjem nå og finner deg, så
I Comes the troll home now and finds you so

dreper han deg. Men nå skal du gå opp på det
kills he you But now shall you go up on that

kammeret som er bent over her, og ta en
-the- room which is right above here and take an

rustning av dem som henger der; og så må du
armor of them which hang there and so may you

endelig ikke ta noen av de blanke, men den mest
finally not take some of the shiny but the most

rustne du ser, den skal du ta; og sverd og
rusted you see that (one) shall you take and sword and

sal skal du lete deg ut på samme vis."
saddle shall you search yourself out on (the) same manner

Det gjorde gutten; men det var tungt å bære det
That did the boy but it was heavy to carry that

alt sammen.
all together

Da han kom tilbake, sa hesten at nå skulle
When he came back said the horse that now should

han kle seg naken og gå ned i kjelen som
he dress himself naked and go down in the kettle which
  undress himself

sto og kokte i det andre kammeret, og lauge
stood and boiled in that other -the- room and bathe

seg vel der. Jeg blir vel fæl da, tenkte
himself well there I become well nasty then thought

gutten, men han gjorde det likevel. Da han
the boy but he did it nonetheless When he

hadde lauget seg, ble han både vakker og
had bathed himself became he both beautiful and

trivelig, og så rød og hvit som melk og blod, og
nice and so red and white as milk and blood and

meget sterkere enn før.
much   stronger   than before

"Kjenner du noen forandring?" spurte hesten.
Feel   you any   change   asked the horse
Do you feel

"Ja," sa gutten.
Yes said the boy

"Prøv å løfte meg," sa hesten.
Try to . lift   me   said the horse

Å ja, det kunne han, og sverdet svingte han
Ah yes that could he and the sword swang he

som ingenting.
like   nothing
easily

"Ja, legg nå salen på meg," sa hesten, "og ta
Yes lay now the saddle on me said the horse and take
                                                (put)

på deg rustningen, ta så nypetornpisken og
on you the armor take then the rosehip-thorn-whip and
                                 (the dog rose whip)

steinen og vannkrukka og smurningshornet, så
the stone and the water pitcher and the ointment-horn then

reiser vi."
travel we

Da gutten vel hadde kommet opp på hesten,
When the boy well had come up on the horse

bar det avsted så han ikke visste hvordan han
bore they off-place so he not knew where he
(rushed) (away)

kom frem.
came forth

Han red en stund, så sa hesten: "Jeg synes jeg
He rode a while then said the horse I think I

hører en dur. Se deg om, kan du se
hear a drone See yourself around can you see
(droning sound)

noe?"
anything

"Det kommer mange, mange efter oss, visst en
It come many many after us surely a
(There)

snes," sa gutten.
score said the boy
(20)

"Ja, det er trollet det," sa hesten, "nå kommer
Yes that is the troll that said the horse now comes

han med sine."
he with his (helpers)

De red enda en stund, til de som kom efter,
They rode still a while until they who came after

var nære innpå.
where close inside-at
(by)

"Kast nå tornepisken bak over akslen din,"
Throw now the rose whip back over the shoulder (of) yours

sa hesten "men kast den vel og langt fra meg!"
said the horse but throw it well and far from me

Det gjorde gutten, og i det samme vokste
That did the boy and in that same (moment) grew

det opp svær, tykk nypetornskog.
-it- up (a) great thick rosehip-thorn-forest

Så red gutten igjen et langt, langt stykke, mens
So rode the boy again a far far piece while
(stretch)

trollet måtte hjem efter noe å hugge seg
the troll must (go) home after something to chop himself
(to get)

gjennom skogen med.
through the forest with

Men om en stund sa hesten igjen: "Se tilbake,
But in a while said the horse again See back

kan du se noe nå?"
can you see something now

"Ja, en hel mengde," sa gutten, "som en stor
Yes a whole many said the boy like a large

kirke-almue."
church crowd

"Ja det er trollet det; nå har han flere med seg.
Yes that is the troll that now has he more with himself

Kast nå kampesteinen, men kast den vel og
Throw now the boulder but throw it well and

langt fra meg!"
far from me

Med det samme gutten gjorde som hesten hadde
With that same the boy did as the horse had
At the moment that

sagt, ble det et stort, stort kampeberg bak
said became it a large large mountains of rocks behind
(there)

han. Så måtte trollet hjem efter noe å hugge
him So must the troll home after something to hack
(to find)

seg gjennom berget med, og mens trollet
himself through the mountain with and while the troll

gjorde det, red gutten igjen et godt stykke.
did that rode the boy again a good piece
(stretch)

Men så bad hesten han se seg tilbake
But then asked the horse him to see -himself- back

igjen, og da så han det yrte som en hel
again and then saw he (that) it swarmed as a whole

krigshær; de var så blanke at det skinte av dem.
war-army they were so white that it shone of them

"Ja," sa hesten, "det er trollet; nå har han alle
Yes said the horse that is the troll now has he all

sine med seg. Slå nå vannkrukka ut
his (men) with himself Strike now (the) water pitcher out

bak deg, men vokt deg vel så du ikke spiller
behind you but guard yourself well so you not spill (don't)

noe på meg!" Det gjorde gutten; men
any on me That did the boy but

hvordan han bar seg at, kom han til å spille en
how he bear himself at came he for to spill a
 as he acted

dråpe på lenden. Så ble der et stort, stort
drop on the lower back So became there a large large

vann, men ved de dråpene han spilte, kom hesten
water but with the drops he spilled came the horse

til å stå langt uti vannet; likevel svømte den
for to stand far out in the water nonetheless swam it

da til lands. Da trollene kom til vannet, la de
then to land When the troll came to the water lay they

seg ned for å drikke det tomt, og så
themselves down for to drink it empty and so

svelget de i seg til de sprakk.
swallowed they in themselves until they exploded

"Nå er vi kvitt dem," sa hesten.
Now are we lost them said the horse
(have)

Så reiste de i lang, lang tid; til slutt kom de
So traveled they in (a) long long time to end came they
(for) at last

på en grønn slette i en skog. "Klær nå av deg
at a green clearing in a forest Clear now off yourself

hele rustningen og ta bare på de fillete klærne
whole the armor and take only on the ragged clothes

dine," sa hesten; "ta så salen av meg og
(of) yours said the horse take then the saddle off me and

slipp meg, og heng alt inn i den store innhule
release me and hang all inside in that large hollow

linden her. Så skal du gjøre deg en parykk
linden (tree) here Then shall you make yourself a wig

av granlav og gå opp til kongsgården, som
of spruce-lichen and go up to the king's court which

ligger her tett ved; der skal du be om tjeneste.
lies here close by There shall you ask for service
(a job)

Når du så trenger til meg, så gå bare hit og
When you so need for me so go only here and

rist på bisselet, så skal jeg komme til deg."
whip on the bridle so shall I come to you
(with)

Ja, gutten gjorde som hesten hadde sagt, og da
Yes the boy did as the horse had said and when

han fikk på lavparykken, ble han så ussel og
he got on the lichen-wig became he so unsightly and

bleik og tufset å se på, at ingen kunne
pale and unfresh to look at that none could
(arch: blek)

kjenne han igjen. Han kom da til kongsgården,
know him again He came then to the king's hall
recognize him

og bad først om å få være i kjøkkenet og bære
and bade first for to get be in the kitchen and carry

vann og ved til kokka.
water and wood for cooking

Men så spurte kokkejenta: "Hvorfor har du den
But then asked (the) chef girl Wherefore have you that

stygge parykken? Ta av deg den, jeg vil ikke
ugly wig Take off yourself it I want not

vite av noen så stygg her inne."
to know of someone so ugly here inside

"Det kan jeg ikke," svarte gutten, "jeg er ikke
That can I not answered the boy I am not

riktig ren i hodet."
truly clean in the head
(on)

"Tenker du jeg vil ha deg her ved maten når
Think you I want to have you here with the food when

du er slik da?" sa kokka; "gå ned til
you are such there said the cook go down to
are like that

stallmesteren, du passer best til å gå og
the stable master you fit best for to go and

måke i stallen."
muck in the stable
(shovel manure)

Men da stallmesteren bad han ta av parykken,
But when the stable master bade him to take off the wig

fikk han samme svaret, og så
got he same the answer and then
the same answer

ville ikke han heller ha han; "du kan gå til
wanted not he either have him you can go to
he didn't want him either

hagemesteren," sa han, "du passer best til å gå
the garden master said he you suit best for to go

og grave i jorda."
and dig in (the) earth

Hos hagemesteren fikk han da lov å bli.
With the garden master got he then permission to stay

Men ingen av de andre tjenerne ville ligge i
But none of the other servants wanted to lay in

hus med han; derfor måtte han sove for
(the) house with him therefore must he sleep for

seg selv under trappen til lysthuset; det sto på
himself -self- under the stairs to the gazebo that stood on
(by)

stolper og hadde en høy trapp. Under den fikk
poles and had a high stairs Under that (one) got

han litt mose til seng, og der lå han så godt
he (a) little moss to bed and there lay he so good
(as)

han kunne.
(as) he could

Da han hadde vært på kongsgården en tid,
When he had been at the king's court a while

hendte det seg en morgen, i det samme solen
happened it -itself- one morning in that same the sun
while

rant, at gutten hadde tatt av seg lavparykken
shone that the boy had did off himself the lichen-wig

og sto og vasket seg; og da var han så
and stood and washed himself and then was he so

vakker at det var en lyst å se.
handsome that it was a lust to see
(delight)

Prinsessen så den vakre hagegutten oppe fra
The princess saw the beautiful -the- garden-boy up from

vinduet sitt og syntes hun aldri hadde sett
the window hers and thought she never had seen
(felt)

noen så vakker. Hun spurte da hagemesteren
someone so handsome She asked then the garden master

hvorfor han lå ute under trappen.
wherefore he lay out under the stairs

"Å, ingen av de andre tjenerne vil ligge med
Oh none of the other servants wants to lie with

han," sa hagemesteren.
him said the garden master

"La han komme opp i kveld og ligge ved
Let him come up in (the) evening and lie by

døren inne på kammeret mitt, så skal de vel
the door inside on the chamber (of) mine so shall they well

ikke holde seg for god til å la han ligge i
not hold themselves (as) too good for to let him lie in

hus med seg siden," sa prinsessen.
house with themselves after said the princess

Hagemesteren sa det til gutten.
The garden master said that to the boy

"Mener du jeg vil gjøre det?" sa gutten; "så
Mean you I should do that said the boy then

ville de si at det var noe mellem meg og
shall they say that it was something between me and
(there)

kongsdatteren."
the king's daughter

"Ja du har grunn til å være redd for det du,"
Yes you have ground for to be afraid for that you

svarte hagemesteren, "du som er så vakker!"
answered the garden master you who are so beautiful

"Ja ja, når du sier det, så får jeg vel gjøre det,"
Yes yes when you say that so may I well do that

sa gutten.
said the boy

Da han skulle oppefter trappene om kvelden,
When he should up after the stairs in the evening
(up on)

trampett og slampet han slik i vei at de måtte
trampled and slammed he such in way that they must
so on the way

be han gå sakte, så ikke kongen skulle høre det.
ask him to go softly so not the king should hear that

Han kom inn og la seg, og begynte straks
He came inside and lay himself and began immediately

å snorksove. Så sa prinsessen til ternen sin:
to snore (loudly) So said the princess to the maid (of) her

"List deg bort og ta av han lavparykken," og
Sneak yourself away and take off him the lichen-wig and

det gjorde hun; men i det samme hun ville
that did she but in that same she wanted

nappe den, holdt han på den med begge hender,
to grab it held he on (to) it with both hands

og sa at den fikk hun slett ikke. Dermed la
and said that it got she just not There with lay

han seg til å snorke igjen. Prinsessen gav
he himself for to snore again The princess gave

ternen et vink igjen, og så fikk hun nappet av
the maid a sign again and so got she snatched off

parykken; da lå gutten der så deilig og rød
the wig then lay the boy there so delightful and red

og hvit som prinsessen hadde sett han i
and white as the princess had seen him in

morgensolen. Siden lå gutten hver natt oppe på
the morning sun After lay the boy each night up on

rommet hos prinsessen.
the room with the princess

Men det varte ikke lenge før kongen fikk spurt
But that was not long before the king got asked

at hagegutten lå i kammeret hos prinsessen
that the garden boy lay in the room with the princess

hver natt, og så ble han så harm at han
each night and then became he so angry that he

nær hadde tatt livet av gutten. Det gjorde han
almost had taken the life off the boy That did he

nå ikke likevel, men kastet han i fangetårnet,
now not nonetheless but threw him in the prison tower

og sin egen datter stengte han inne på
and his own daughter locked he inside on

kammeret, så hun aldri fikk lov å komme ut,
the room so she never got permission to come out

hverken natt eller dag. Alt hun gråt og bad
either night or day All (that) she cried and begged

for seg og gutten, så hjalp det ikke; kongen
for herself and the boy so helped this not the king

ble enda sintere ved det.
became only angrier by it

En tid efter ble det ufred og krig i landet,
A time after became it un-peace and peace in the land
(Some) was there

og kongen måtte ruste seg mot en annen
and the king must arm himself against an other

konge, som ville ta riket fra han. Da
king who wanted to take the kingdom from him When

gutten hørte det, bad han fangevokteren gå til
the boy heard that bade he the prison guard to go to

kongen for seg, og be om rustning og sverd og
the king for him and ask for armor and sword and

lov til å være med i krigen. Alle de andre
promise for to be along in the war All the others

lo, da fangevokteren kom med ærendet sitt,
laughed when the prison guard came with the message (of) his

og bad kongen at han måtte få noe
and (they) bade the king that he must get some

gammelt skrammel å ha på seg, så de kunne
old scrap to have on himself so they could

få den moroen å se slik en stakkar være med i
get that -the- fun to see such a wretch be along in

krigen. Det fikk han og dertil et gammelt
the war That got he and there to an old
(also)

skarve-øk som hinket på tre ben; det fjerde
misery-horse which hobbled on three legs the fourth

drog det efter seg.
dragged it after itself

Så drog de da ut mot fienden; men de var
So drew they then out towards the enemy but they were
(set) (had)

ikke kommet langt bort fra kongsgården før
not come far away from the king's hall before

gutten ble sittende fast i en myr med
the boy remained sitting stuck in a swamp with

øket sitt. Der satt han og hakket
the horse (of) his There sat he and chopped (with his boots)

og nikket: "Hei vil du opp! Hei vil du
and nodded (to the horse) Hey want you up Hey want you
get up

opp!" sa han til gampen. Det hadde alle de
up said he to the nag That had all the
(the old useless horse)

andre riktig sin moro av, og lo og gjorde
others truly their fun off and laughed and made

narr av gutten mens de red forbi. Men
(a) fool of the boy while they rode past But

aldri før var de borte, så sprang han til
never before were they away so ran he to
just when

  linden, tok på seg rustningen og ristet på
the linden tree took on himself the armor and whipped at
(with)

bikselet; straks kom hesten og sa: "Gjør du
the bridle immediately came the horse and said Do you

ditt beste, så skal jeg gjøre mitt!"
your best so shall I do mine

Da gutten kom etter, var slaget alt i gang, og
When the boy came after was the battle all in go and

kongen var i slem knipe; men aller best det var,
the king was in (a) bad pinch but all best it was

hadde gutten jaget fienden lang vei. Kongen og
had the boy chased the enemy (a) long way The king and

hans folk lurte meget på hvem det kunne
his people wondered much on who it could

være som kom og hjalp dem; men ingen kom han
be who came and helped them but none came him

så nær at han fikk talt til han, og da slaget
so close that he got spoken to him and when the battle

var slutt, var han borte. Da de drog tilbake,
was finished was he away When they pulled back
(went)

satt gutten enda i myren og hakket
sat the boy still in the swamp and chopped (with the feet)

og nikket på det trebente øket.
and nodded (to the horse) on the three legged miserable horse

Da lo de igjen. "Nei se bare, der sitter den
Then laughed they again No see only there sits that

fåmingen ennå," sa de.
-the- fool still said they
(archaic)

Den andre dagen de dro ut, satt gutten der
The other -the- day they pulled out sat the boy there
set off

enda; de lo igjen og gjorde narr av han;
again they laughed again and made (a) fool of him

men aldri før hadde de ridd forbi, så sprang
but never before had they ridden past so ran
just when

gutten til linden, og alt gikk igjen som
the boy to the linden tree and all went again as

forrige dagen. Alle undredes de på hva det var
earlier the day All wondered they on what it was
the other day

for en fremmed kjempe som hadde hjulpet dem;
for a strange fighter who had helped them

men ingen kom så nær at han kunne få talt til
but none came so close that he could get spoken to

han; og det var nå ingen som gjettet på gutten,
him and it was now none who guessed on the boy
(there)

forstår seg.
understands itself

Da de drog hjem om aftenen, og så gutten
When they pulled home in the evening and saw the boy
(went)

sitte på gampen enda, lo de han ut,
sit on the nag again laughed they him out
(the useless old horse) (at)

og én skjøt en pil efter han og traff han i
and one shot an arrow after him and hit him in

benet. Han begynte å skrike og bære seg så
the leg He started to scream and bear himself so

det var stygt å høre; så kastet kongen
it was bad to hear thus threw the king

lommetørkleet sitt til han, for at han skulle
the pocket-dry-cloth (of) his to him for that he should
(the handkerchief) (so)

knytte det omkring.
bind that around

Da de drog ut igjen tredje morgenen, satt
When they pulled out again third the morning sat
       set off   the third morning

gutten igjen i myren. "Hei, vil du opp! Hei
the boy again in the swamp Hey want you up Hey
                     get up you

vil du opp!" skrek han til øket.
want you up shouted he to the miserable horse
  get up you

"Nei, nei! han kommer til å sitte der til han
No no he comes for to sit there until he

svelter ihel," sa kongens folk mens de red
hungers to death said the king's people while they rode

forbi, og   så   lo   de av han så de   var ferdige
past   and then laughed they of him so they were   ready

til å falle av hestene.
for to   fall   of   the horses

Ikke   før   var   de   borte,   så   sprang han til
Not   before were they   away   so   ran   he   to

   linden   igjen, og kom efter til slaget, nettopp
the linden tree again and came after to the battle exactly

som det gjaldt. Den dagen drepte han den andre
when   it   mattered That -the- day killed   he   the   other

kongen, og så var det slutt på krigen med det
-the- king and so was   it   end   on the war with that
                              over with the war

samme.
 -same-

Da   slaget   var   ute,   fikk   kongen   se
When   the battle was   out   got   the king   to see

   lommetørklæet sitt, som den fremmede kjempen
the pocket-dry-cloth of him which the   strange   fighter
 (the handkerchief)

hadde	om	benet,	og	da	hadde	han	lett	for	å
had	around	the leg	and	then	had	he	easy	for	to

kjenne	han.	Så	tok	de	han	mellem	seg	til
recognize	him	So	took	they	him	between	themselves	to

kongsgården.	Prinsessen	så	han	oppe	fra
the king's court	The princess	saw	him	up	from

vinduet,	og	ble	så	glad	at	du	aldri	det	kan
the window	and	became	so	happy	that	you	never	it	can

tro:	"Der	kommer	min	kjæreste	også!"	sa	hun.
believe	There	comes	my	dearest	also	said	she

Så	kom	smurningshornet	frem;	først	smurte	han
Then	came	the ointment horn	forth	first	smeared	he

seg	selv	på	benet,	og	siden	alle	de	sårede,	og
himself	-self-	on	the leg	and	after	all	the	wounded	and

så	ble	de	alle	sammen	gode	på	øieblikket.
then	became	they	all	together	good	at	the eye-glance (that very moment)

Så	fikk	han	kongsdatteren	til	ekte.	Men	da	han
So	got	he	the king's daughter	for	real in marriage	But	when	he

kom ned i stallen til hesten, den dagen
came down in the stable to the horse that -the- day

bryllupet skulle stå, sto den der så stur
the wedding should stand stood it there so sad
(take place) (archaic: trist)

og hengte med ørene og ville slett ikke ete.
and hung with the ears and wanted just not eat

Da den unge kongen — for da var han blitt
When the young -the- king for then was he become
(had)

konge og hadde fått halve riket — talte til
king and had gotten half the kingdom spoke to

han og spurte hva som feilte han, sa hesten: "Nå
him and asked what that failed him said the horse Now

har jeg hjulpet deg frem, og nå vil jeg ikke leve
have I helped you forth and now want I not live

lenger. Nå skal du ta sverdet og hugge
(any) longer Now shall you take the sword and chop

hodet av meg!"
the head off me

"Nei, det vil jeg slett ikke gjøre," sa den nye
No   that   want   I   just   not   do   said   the   new

kongen; "men du skal få alt du vil ha, og
-the- king   but   you   shall   get   all   you   want   to have   and

stå på stas støtt."
stand on finery forever

"Ja,   gjør   du   ikke   som   jeg   sier,
Yes   do   you   not   as   I   say

skal jeg nok vite å få livet av deg," sa hesten.
shall   I   right   know   to   get   the life   from   you   said   the horse
        will I take the life

Så måtte da kongen gjøre det; men da han
So   must   then   the king   do   it   but   when   he

løftet sverdet og skulle hugge til, var han så ille
lifted   the sword   and   should   chop   -to-   was   he   so   bad

ved at han måtte snu ansiktet vekk, for det han
with   that   he   must   turn   the face   away   for   that   he

ikke orket se på hugget; men aldri før hadde
not   managed   to see   on   the chop   but   never   before   had

han hugget av hodet, så sto den vakreste
he chopped off the head so stood the most beautiful

prins der hesten hadde stått.
prince where the horse had stood

"Hvor i all verden kom du fra?" spurte kongen.
Where in all the world came you from asked the king
did you come

"Det var jeg som var hest," svarte prinsen. "Før
That was I who was horse answered the prince Before

var jeg konge i samme landet som den kongen
was I king in same the land which that -the- king

du drepte i slaget i går; det var han som
you killed in the battle in - that was him who

solgte meg til trollet. Siden han nå er drept, så
sold me to the troll Since he now is killed so

får jeg riket mitt igjen, og du og jeg
get I the kingdom (of) mine again and you and I

blir grannekonger; men vi skal nok aldri føre
become neighbor kings but we shall enough never wage
(surely)

krig med hinannen."
war with each other

Og det gjorde de ikke heller; de var venner så
And that did they not either they were friends so

lenge de levde, og den ene kom titt og ofte
long they lived and the one came regularly and often

og besøkte den andre.
and visited the other

www.ingramcontent.com/pod-product-compliance
Lightning Source LLC
LaVergne TN
LVHW051235080426
835513LV00016B/1601